第2の進路指導

自由と権利の指導の時代

著＝塩崎義明
解説＝松田洋介

高文研

プロローグ　自分の時間を優先させる時代に

✿人生設計の変化

「先生……、講師（非正規教員）の給与で生活できますか？」

大学の講義が終わった後、こんな質問・相談を、別々な大学で、偶然にも続けて受けた。

最初は、採用試験に自信がないのかな？　と思ったのだが、話を聞いていくうちにどうやらそうではないことがわかってきた。

○教師の仕事は異常な忙しさなので、仕事だけに縛られそうで不安だ……

○非正規で働いて、自分の時間をつくることを大切にしたい……

○自分の一生の職業を今の年齢で決めてしまうことに不安がある……

ということらしい。

私たちの世代は、

「できるだけ早く、安定した、自分にとって天職だと思える、やりがいのある職を見つけたい」

と考えていたものだが、今の若い人たちは考え方が違ってきているのだろうか。どうやらやりがいのある仕事よりも、自分の時間を優先させたいというのが、今の時代の考え方のようだ。


ちなみに、正規教員と非正規教員の給与を比較してみると、小学校の教師として働いている場合の年収は、非正規教員では二八四・一万円だが正規雇用では四〇〇・六万円、中学校の教師では非正規雇用の場合は二六二・八万円、正規雇用では四〇六・四万円。高校の教師では非正規雇用の平均年収が二五七・四万円なのに対し正規雇用では四〇九・五万円。正規雇用と非正規雇用の年収の差は一〇〇万円以上になる。また、社会保障や福利厚生の面でみても、正規雇用の方が恵まれていると言える。（リクナビNEXTジャーナルより）

非正規教員の方が年収で一〇〇万円以上低いのに、あえて非正規教員を選択して、自分の時間を確保したり、ボランティア活動をしたり、学校現場に呼ばれない時には別な仕事に就こうと考えている学生や教員が、私のまわりでも出てきている。その数は明確ではないが、目立ってきたことは確かだ。

一九六〇年代の高度成長期に固まった、［高卒・大卒→正社員→結婚→定年退職→年金生活］、といった、制度や組織に頼った生き方を「標準」とした生き方が明らかに崩れてきている。こういった時代を、児美川孝一郎氏にならって、「新たな標準」への転換の時代として「転換期」と呼ぶことにする。（児美川孝一郎『キャリア教育のウソ』ちくまプリマー新書、二〇一三年より）

さて、私がここで問題にしたいのは、この「転換期」に求められる進路指導のあり方である。今、単なる「学校選択指導」ではない、新たな進路指導が求められているのではないだろうか。

本書では、この新たな進路指導を「第2の進路指導」として、以下論じていきたい。

✿本書の構成

本書では、まず第1章で、「第2の進路指導」とはどういったものなのか、そしてそれが必要になってきた社会的背景について述べてみたい。

ちなみに私は、「第2の進路指導」の中身は「自由と権利の指導」であると定義づけた。「自由」とは国の経済政策や、多数派の生き方に同調をせまる「圧」からの自由である。

そして「権利」とは個人として「幸せになる権利」である。

職業の選択は自由であり、誰もが幸せになる権利を持っているはずだ。しかし現実は、職は学歴をもとに選択され、個人の夢や幸せを願う思いとは別に、選択しなければならないことが多い。それが離職・転職の増加につながっているのであれば、その現実を変えていったり、それを逆にチャンスに変えたりしていく力が必要だと考えている。

第2章では、「第2の進路指導」をどう指導・実践していくのかを、具体的な実践例を示しながら紹介してみた。この章が本書のメインになる。

そして第3章では、少し視点を変えて、指導する教師の側に目を向けてみた。

「第2の進路指導」は、「自由と権利の指導」であると述べた。その指導は、子どもたちの多様な夢と未来を受けとめること、そしてそれを実現するための力をつけることが大切になってくる。ところが、日本の教師はそのことに自信が持てないでいる……、または気がついていない。それは、自分自身が大卒であり、安定した「標準」な職を得ることこそが幸せにつながる、といった価値観からなかなか抜けきれないからではないだろうか。

しかし今回、多くの教師の生き方を取材してわかってきたことは、教師の仕事も、けっして安定した職ではないということである。そして教師もまた、多様な生き方を模索し、選択している者が多いということである。つまり、日本の教師は、「第2の進路指導」を実践する準備ができている者が多いということを第3章では述べたつもりである。教師は、こうした多様な生き方をしている仲間と共同し、視野を広く持った進路指導に当たってほしいと願っている。

目　次

第3章　今どきの教師のキャリアに注目して

解説　時代の転換期に、自由と権利の進路指導をつくる（松田洋介）

第1章

「第2の進路指導」が求められる時代

離職・転職者が増えている。第1章では、まずその実態について述べてみたい。そして、「転換期」の時代であるにもかかわらず、あいかわらず進路指導が「学校選択指導」に偏っていたり、「転換期」に生きる若者たちを励ます指導になっていなかったりすることについても述べてみたい。

✿離職・転職者増加の背景(1)～非正規雇用者を増やす政策～

株式会社マイナビによると、二〇二一年の正社員の転職率は、対前年比二・一ポイント増の七・〇％だった。二〇一六年以来増加傾向にあった転職率は、二〇二〇年に減少に転じていたが、二〇二一年は過去六年間で最も高い結果となった。さらには、転職したいと考えている人は、七割にものぼることもわかってきた。（正社員として働いている二〇～五〇歳代の男女一五〇〇人を対象に、転職者の傾向や変化を調査。二〇二二年三月二五日、「転職動向調査二〇二二年版」より）

高校や大学を卒業して正社員として就職……、三〇歳前後で結婚して定年退職まで働く生き方を仮に「ストレートキャリア」と呼ぶのであれば、その「ストレートキャリア」が成立しな

図表7　初職の離職理由

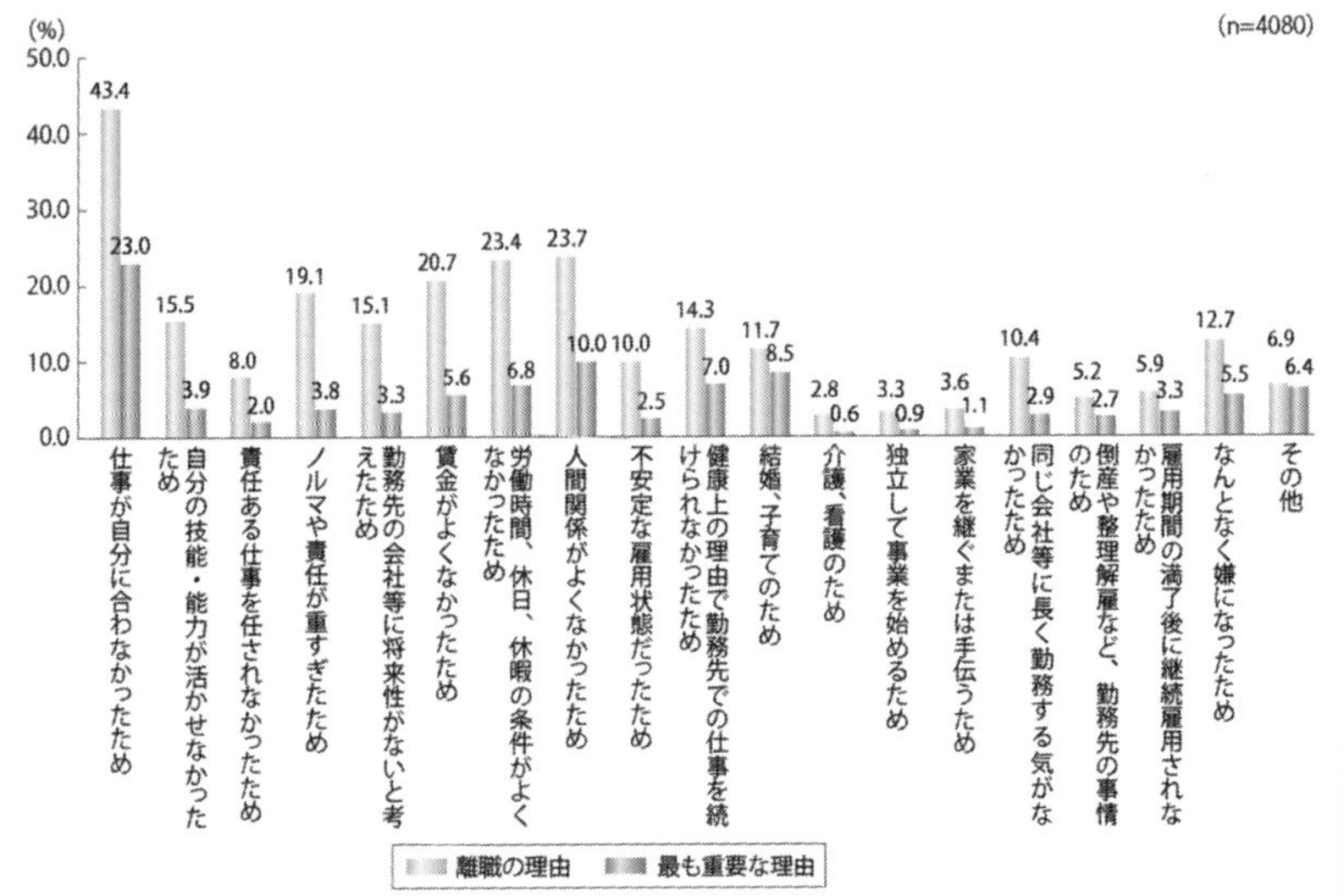

（注）最初の就業先を離職した者について、「離職の理由について教えてください。」の問いに対する回答。

引用：内閣府「特集　就労等に関する若者の意識　2 就労等に関する若者の意識調査の結果」※nは、サンプル数）

くなった時代が始まっていると言える。

このような離職・転職者増加の背景の一つに、非正規雇用者を増やしていく政策があったことは間違いない。

パートやアルバイトという言い方だけでなく、派遣社員、契約社員というように、非正規雇用者に対して多様な表現が使われるようになったきっかけは、一九九五年に発表された日本経済団体連合会（経団連）「新時代の『日本的経営』」からだと言われている。

この提言では、労働者を三つのグループに分けることを述べている。

○長期蓄積能力活用型グループ

いわゆる「正社員」。成果主義を導入している企業もあるようだが、年功序列によって昇給していく企業はまだまだ多いと思われる。

○高度専門能力活用型グループ

例えば税理士とか会計士が当てはまる。

○雇用柔軟型グループ

非正規、パート・アルバイト、派遣社員などがあてはまる。一般職、技能部門、販売部門などが当てはまるようだ。時間給で昇給なしがほとんどである。

これらの提言、そして政策の背景には、

・バブル崩壊後の日本経済の立て直し
・世界的レベルでの競争力をつけること
・働くことの意欲と質の向上

があげられる。

しかしこの政策がきっかけとなり、職場での格差の問題と人間関係のちぐはぐさの発生、及びハラスメント問題、未権利状態とまで言わしめた非正規雇用者の待遇問題等が生まれてしまったことも事実である。いっとき大きな問題となった「派遣切り」の問題もその一つである。

そしてそれが今日の、離職・転職問題へとリンクしていることに注意を払うべきだ。

離職・転職は、自らの「キャリア」をアップさせるチャンスではあるが、そのほとんどの者は、離職・転職後かなり厳しい生活環境にあるのが現実である。

ゆえに「第2の進路指導」では、働くこと、生活することの保障と、誰にでも平等にチャンスが与えられる社会へと改革していく民主的な「力」をどうつけるかの指導が求められているのである。

✿離職・転職者増加の背景(2)～「キャリア」の転換～

これまで日本の企業では、「終身雇用・年功序列」といった考え方が広く根づいていた。社歴を積むことでほぼ自動的に昇格・昇進することが多く、高い職位のポジションには、社歴が長く年齢の高い社員が就いていることが一般的であり、そのように働くことが標準であった。人々はその一つの組織の中で、高い地位についたり、成果を残せたりする自分の仕事歴を「キャリア」として、それをアップさせるために努力してきたのである。これを「日本型雇用システム」「メンバーシップ型」と呼んだりしている。いわゆる、終身雇用、年功序列賃金、企業内組合の「三種の神器」を中心とした日本企業にみられる固有の雇用システムである。

なぜ日本が戦後、このような雇用システムをとったのかは諸説あるが、このシステムの中で高度成長期を迎えたことは事実である。さらには、このシステムの中での成功を目標に、日本の教育政策が考えられてきたことも事実である。粘り強さ、努力、協調性、従順さ、そして学歴が今でも重視されるのはそのためである。

しかし不景気が続く中、雇用する側が正社員を解雇することができず、一方で中堅以上の正社員に対しては変わらず高い給料を払わなければならないことなどが課題となってきた。また、企業変革の重要な要素となる新しい価値観を持った労働者を獲得することが難しく、企業再生ができないまま衰退していくことも考えられるようになった。

そんな中、「メンバーシップ型」ではなく、職務を特定して雇用する「ジョブ型」と言われる雇用システムが叫ばれるようになってきている。「ジョブ型」は欧米では当たり前の雇用システムであり、その職務に必要な人員のみを採用するシステムである。契約で定める職務によって賃金が決まる。「ヒトに値札がついているのではなく、職務に値札がついている」と言われる雇用システムだ。

このシステムであると、個が、自分のやりたいことと得意なことを生かしながら働くことができ、さらには、より高い契約を求めてその技術・スキルをアップしていくことも可能だ。政府も、こうした「ジョブ型」への雇用システムに徐々に変えていく政策を打ち出している。

しかし「ジョブ型」も、解雇されやすいことや、失業者が増える可能性もあることなど、まだまだ問題が多い。いきなり、日本全体の雇用システムを変えることは不可能である。単なる諸外国の雇用システムの模倣ではない日本社会の実情に合った雇用システムを創り上げることが大切である。

こうした変化の中で、多様な「働き方」を求める機運が広がってきていることにも目を向けたい。

それは、一つの会社でずっと長く働いて成果を残すという道だけが幸せではなく、家族生活、趣味も含めた全ての生きざまを「キャリア」としてとらえ、それを幸せに向かってどうアップさせていくのかという人々の考え方である。仕事はあくまでも自分の「キャリア」の一つの「部分」としてとらえているのが「転換期」の特徴であると言える。

「第2の進路指導」は、そんな生きざまとしての「人生のキャリアアップ」を支援する必要がある。

ただ、「人生のキャリアアップ」ができないのは、自分に「力」がないからだという「自己責任論」の中で動かされがちであることについても注意を払わねばならない。結局は夢破れ、つぶされていく者も少なくないのである。「第2の進路指導」は、そういった力とも闘い、多くの仲間と手を結び、「自由と権利」を掲げながら生きていく力を育てていく指導でもある。詳しくは第2章で述べる。

さて、「第2の進路指導」は、「転換期」の時代をどう生きていくのか、どう幸せに生きていくのかの「人生のキャリアアップ」の指導でもある。しかしながら、学校現場の「進路指導」が、このような時代の変化に追いついていないばかりか、古い体質をなぞるような指導に終始しているのが現実である。そのことについて次に述べてみよう。

✤「進路指導」の課題

中学校学習指導要領第一章「総則（第四）」によると、そもそも進路指導とは「生徒が自らの生き方を考え主体的に進路を選択できるよう、学校の教育活動全体を通じ、計画的、組織的な進路指導を行なうこと」とされている。「進路指導」とは、「生き方」を「主体的に」選択できる力を育てる指導なのだ。

しかし、たとえば中学校における進路指導は、高等学校への進学率が高まる中で、しだいに「学校選択指導」に偏っていった。しかも、その指導は、業者テストの偏差値などに過度に依存したものとなっている。そこで一九八八（昭和六三）年、当時の文部省は中学校及び高等学校における進路指導に関する実態調査を実施。その調査結果によると、中学、高等学校における進路指導では、「学力」に偏った進路先決定の指導になっていることが明確になったのである。

このため、文部科学省（以下、文科省）では、各都道府県教育委員会などに対する通知等を通じて、中学校の進路指導を生徒一人一人の能力・適性などを考慮した本来の進路指導に立ち返るよう求めた。そしてその結果、現在では、中学校の進路指導の際、業者テストの偏差値などに過度に依存することは無くなってはいるものの、生徒や保護者は、塾などから出されるデータを参考にして学校を選ぶ現実があるのは否定できない。それは学校が形だけ偏差値を放棄しただけで、大学を頂点とした学歴主義が相変わらず残っていて、学校がその下請けとして存在している事実は変わらなかったからである。

そしてこうした中学校の「学校選択指導」の中にあって、文科省の調査によれば、二〇二〇年度高等学校における中途退学者数は三四、九六五人（前年度四二、八八二人）であり、中途退学者の割合は全生徒の一・一％（前年度一・三％）である。

内閣府の調査によると、中途退学者のその後の進路は、「働いている」が最も多く五六％、そのあとに在学中三一％、求職中一四％。（二〇一〇〈平成二二〉年調査）と続く。

在学中の内訳を見ると、最も多いのが通信制高校で五〇％。そのあとに全日・定時制高校が三三％、大学が一一％である。高校への編入については、二〇一七（平成二九）年度に発表されたデータでは通信制が七七％、定時制が一四％。つまり、実際は中退後に通信制高校へ編入する生徒の割合が多い。

子どもの数の減少により高校の数が減っている中、通信制高校は入学者数も学校数も増えている。これは通信制高校が、全日制高校の中途退学者の受け皿として存在する面を持っているからであろう。

ちなみに私は、誤解を恐れずに述べれば、高校中途退学について、全て否定的に考えているわけではない。「進路指導」という看板を掲げた「学校選択指導」で、「自分で選んだ」というラベルを貼り付けられて進学した高校を、中途退学しただけである。つまり、やっと「主体的」になれるチャンスがめぐってきたと考えても良いと思っている。

しかし世間の目は、こうした選択にまだまだ冷たい。私たち教師も、「退学者＝落ちこぼれ」と決めつけていないだろうか。そして社会も、こういった若者たちの受け皿を準備できているとは言えないのではないだろうか。

「第2の進路指導」では、生きる過程で挫折したり、あきらめかけたりした時でも、仲間と励まし合い、元気と勇気のある生き方が出来る子どもたちに育てたいと考えている。そして一方で、挫折し、傷ついた子どもたちの受け皿と再チャレンジの保障がある社会をつくる気づきと行動力も育てたいと考えている。それが「転換期」に必要な「生きる力」ではないだろうか。それをどう育てるのかの視点が、中学校の「進路指導」には弱いのではないかと考えている。

✿進路指導が「学校選択指導」に偏る二つの理由

中高校の進路指導が、なぜ学校選択指導に偏ってしまうのか、理由を考えてみたい。

一つは「大学まで出ておけばなんとか社会人として生きていける」という消えることのない「大卒キャリア神話」による。とにかく大学まで進学することが豊かな人生を送るための第一歩であるという価値観は変わらなく存在するのである。しかもその価値観では、学校の偏差値の高低によって人生のレベルが変わってくるというのであるから、学校や保護者には子どもたちへの学校選択指導に力が入るのは当然と言えば当然である。

大学生のキャリア支援サービスを行っている「doda キャンパス」（ベネッセホールディングス）の調査によると、学生の八〇％以上は「就職活動において、企業は学歴を重視している」と感じているようだ。しかし一方で、「学歴を重視する傾向は弱まっている」というデータもこの調査で同時に発表されていることも事実である。

企業の新卒採用を行っている人事担当者三〇〇人への調査では、企業が学歴を重視するのは二〇％ほどで「人柄」や「志望動機」のほうが「学歴」よりも重視ポイントは高い傾向にある。

このことも、「標準」が崩れ、「転換期」に移行していることの一つの現象だろう。

しかし私は、自分の生き方を離職・転職が増えている「転換期」に合わせるのではなく、「自由と権利」に根差して、幸せになる権利を追及していくことが大切であると考えている。「ねばならない」生き方ではなく、「自分らしく」生きていくための教育を考えたい、ということである。

「進路指導」が、学校選択指導に偏ってしまう原因の二つ目が、「教える側の教師自身のキャリアの問題」である。本書はこちらの方にも目を向けている。

教師は大卒キャリアを歩んできている。また、教師になれば、定年まで安定したキャリアを歩むことができると考えている者が多い。

そんな生き方の中で、子どもたちの新しく、多様な進路を受けとめきれない、イメージできない、認められない……、という実践的な弱さを、教師自身が抱えてしまっているのではないだろうか。

日本の教師の中で、中卒、高卒の生き方を、自信を持ってすすめ、本気でエールをおくることのできる教師がどれだけいるだろうか。

女優の戸田恵梨香さんは中卒で女優の道を選んだ。「本当にお芝居のことをよく考えられましたし、学校があったら、逃げちゃってたと思う」などとインタビューに答えている。女優として有名になる前の話だ。また、将棋の藤井聡太さんは、卒業一カ月前の時期に高校を自主退学した。退学して将棋に邁進する道を選んだのだ。特別な能力がある若者とはいえ高校くらいは出ておいた方が……、と考えてしまうのがまわりの反応である。そうではなくて、自分の生き方としてその進路を選ぶことを理解してあげられる教師や保護者、大人はもっとたくさんいても良い。

実は、そんな教師もまた、離職・転職の「転換期」の中に生きていて、多様な生き方をしている者も少なくない。日本の教師は、こういった多様な生き方をしている教師たちと共同して、人生のイメージを豊かにしていくべきである。そのことが新しい時代の「進路指導」、「第２の進路指導」の入口に立てるということではないだろうか。

✤今こそ「第2の進路指導」が必要

私は、大卒を目指したストレートな生き方を指導する学校選択指導としての「進路指導」ではない「自由と権利の指導」を「第2の進路指導」と呼ぶことにした、と先に述べた。そして、働く者の権利が奪われ、人生のキャリアアップを求める時代にあって、今こそ「自由と権利の指導」である「第2の進路指導」が求められている。

実は日本の教師は、この「第2の進路指導」が実践できる準備ができているはずなのである。それは、教師もまた、「転換期」の時代に生きていて、その影響がないはずがないからである。そして今回、多くの教師の生き方を取材させてもらい、そのことを確信した。（第3章参照）

世界に貢献出来る教師としての生き方を始めていたり、「標準」な生き方の中にあっても、その中で独自の「人生のキャリアアップ」をはかっていたり、自らの子育てや指導の難しさから教師としての生き方を変更したりアップさせたり、社会の中で必要とされる自分を発見してお金を超えて講師を続けていたり……、私の身の回りでも豊かな生き方をしている教師がたくさんいることを知った。

大卒での多様な生き方と、中卒・高卒での多様な生き方とは単純には比較はできない。しかし、多様な生き方が許され、励まされるべきである、という点においては一致できるし、共鳴できるはずである。私たちはそんな多様な生き方をしている教師たちとも共同して、「第2の進路指導」に向き合えるはずだ。

それでは、「第2の進路指導」とは、どういった形で実践されるのであろうか。そのことについて、次の章で具体的に述べてみたい。

第2章

「第2の進路指導」で教えること

「第2の進路指導」は、「自由と権利の指導」だと繰り返し述べてきた。未来に生きる子どもたちには、身につけてほしい「力」があり、それを指導するテーマがある。わたしは、それは次の三つだと考えている。

【1】要求を実現させる権利の教育
【2】情勢分析力と見通しの力（メディア・リテラシー）
【3】自治の指導

「学校選択指導」に偏ることなく、この三つのテーマを「第2の進路指導」として意図的に指導していくのである。一つひとつについて考えてみよう。

【1】要求を実現させる権利の教育

①「生きづらさ」を共有し共同をつくりだす

「第2の進路指導」は、「自由と権利の指導」であり、それは「生きづらさ」の共有から「要求実現」への道筋の指導であるともいえる。「自由と権利」は、その要求を声に出し、そして仲間と共同で「勝ち取る」ものだと考えている。そのためには、まず「生きづらさ」を共有し、仲間と一緒に生活に働きかけ、生活を共同で改革していくということである。

◈「生きづらさ」を共有する

子どもたちや若者が「生きづらさ」を感じているならば、まずはそのことを共有することが大切である。そこから、苦しんでいるのは自分だけではなかったことの安心感が生まれる。

★事例「大学一年生で悩み交流会」

教員免許を取得する学科の学生は、その為の教科を履修しなければならないので大変だ。一～五限までの授業が毎日続いている学生もいる。

高校生の時には、大学に入れば自由な余裕のある生活が待っている……、と思い、受験勉強を頑張ってきたのに、これでは高校の時の方が余裕があった、と嘆く学生も少なくない。

加えて、学費や生活費を稼がねばならずバイトをしている学生もいるわけだからかなり忙しい。

七月、そんな初めての大学生活四か月を振り返って、不満や不安、悩み事の交流会の授業を、私のクラス（一年生二〇名）で行った。

三つのグループに分かれて交流。私も順番に回ってみた。グループ討議後は、各グループのリーダーが話を整理して全体の前で報告。さらに全体交流……、といった流れだ。

同じ悩みを共有できること、そして意図的に共有させていくことは、孤立化する現代の若者たちにとって大切なことだと思う。

ちなみに、事前に、三・四年生に、一年生をどう乗り切ったかの取材をしておいたので、最後に私から報告させてもらった。主な内容は、

○無理をせず、休める科目は休んでも良い。
○同級生や先輩との情報交換が大切。
○そのために行事やサークルなどに積極的に参加する。

等々を報告した。

この取り組み後の学生たちの感想をいくつか紹介しよう。

◆学生一

思い描いていた大学生活はもっと自由でキラキラしていた。でもいざ入学すると忙しすぎる。でも、みんなこの四カ月の中で、同じように生きづらさを感じていたというのがわかって、少し安心した。後期は、休める日をつくってみたいと思った。

◆学生二

大学生活で生きづらさをみんな感じていることがわかった。大変なのは自分だけではないことや、不安に思っていることが同じだったりして、少し安心した。先生になった時、子どもたちが悩みやストレスを抱えていたら、このような交流の機会をつくることが大切だと思った。

◆学生三

クラスの人と、悩みや文句、愚痴などを面白おかしく話すことで、すごく笑えて楽しかった。慣れないことが多くて、みんなも苦労しているのだということがわかって、がんばろうと思った。

◆学生四

みんな似たような悩みを抱えていたし、思ったよりもフラストレーションがたまっていたりして、親近感がわいた。

◆学生五

自分が思っていたような大学生活と全然違って、精神的にも肉体的にもつらいなと思うことが多いです。どうやって乗り越えればいいのかわからず思考停止状態です。今回、班で話し合った時、みんな悩みを抱えていて、悩みを共有することは、本当に大事だと思いました。

◆学生六（中国留学生）

今日の「悩み・ストレス交流」で、本当に悩んでいるのは自分だけではないということがしっかりとわかった。自分は留学生だから授業内容がわからないと思っていた。自分の勉強能力が足りないかなと疑った。今日の授業で、本当に一人じゃないことを知った。ストレスも減らした。今日のことを通じて、「自分には仲間がいる」「つらいのは自分だけじゃない」ということを子どもにも意識させることの大切さに気付いた。

悩んでいるのは自分だけではない、
自分と同じように悩んでいた人がこんなにたくさんいた、

つらいのは自分だけではない等々

を感じることができることは、大切なことだ。

結論や解決に至らなくていい。まずは交流することが大切だ。

それだけでも、元気がもらえることがあるのだ。

◈「生きづらさ」を抱えた仲間と要求実現へ

「生きづらさ」を抱えていた一人の女子（小六）が、要求で一致できた仲間と出会うことで、学級に自分たちの要求を実現させた実践を紹介する。

本当の自分を出せずに生活することに疲れた一人の女子が、「オープングループノート」※でその生きづらさを共有出来る仲間と出会う。そしてやがて、その仲間と自分たちの要求で、「教室図書館」の開館実現へと向かっていくのである。

※オープングループノートとは、テーマごとにノートを一冊つくって後ろのロッカーの上に並べておく。子どもたちは、書きたいノートに自由に書き込みができる。書き込みは匿名でも可。

テーマは当時、「お悩みノート」「好きな本の話題」「塾・習い事ノート」「テレビ番組ノート」「スポーツの話題」「ゲームの話題」などがあった。

★事例「生きづらさ」から教室図書館実現へ

「一人の方が、気が楽」とつぶやいた六年生の舞子さん（仮名）。

昨年度、友だち関係でさんざん悩んだ末、彼女がくだした結論だ。

彼女は、学級の中で、目立つグループにいた。しかし彼女は、そのグループ内の友達関係の中で、仲間と一緒にいる時ほど「孤独」を感じたという。

そしてその「孤独」から逃れるために「孤立」を選んだ。

仲間と一緒にいる時の「孤独」とはいったいどういうことだろうか。

彼女との対話で、その事実を確かめていくと次のようなことがわかってきた。

①強い力や多数派に合わせなければならない気遣い
②関係を壊さないために本音で付き合えない寂しさ
③本当の自分でないキャラを設定しての居場所づくり

そんな過度な気遣いに疲れ、「この生きづらさは誰もわかってくれない」と感じた時に「孤独」を感じたのかもしれない。

「孤独」から逃れるために「孤立」を選ぶ子どもは少なくはない。

一人でいるからといって寂しい思いをしているとは限らない。

逆に、群れているからといってその関係の中で安心を得ているとも限らない。

指導は、そんな子どもたちの一人ひとりの心にノックすることから始まる。

そのために、子どもたちのつぶやきを拾っていくことと、対話することを大切にする。

そんな彼女が、再び仲間とつながったのが、「オープングループノート」の取り組みである。

スマホやLINEなどない時代である。

しかし、塩崎学級では、LINEグループのようなことを一冊のノートですでに実践していた。

①テーマを決めて、誰でも書き込めるノートを各自で準備できる

②ノートは、教室後ろの「オープングループノート」コーナーに置かれている

③書き込みをしたい人は、自由に書き込める。家に持ち帰りたい人は、名簿に名前を書く

しばらくして彼女は、読書をテーマにした「オープングループノート」で詩織（仮名）と親密になっていく。

そして、詩織とあと数名で、教室に、好きな本を集めて自由に読める、「教室図書館」を共同運用したいという要求が生まれる。本はクラスの子どもたちが持ち寄る。漫画も可。管理や貸し出しは、舞子や詩織たちの実行委員が行う。その他、借りる時の細かなルールも文章化し、学級総会に提案して承認された。

教室の後部の一部と、廊下にはみ出す量の本が集まり、舞子はその図書館の館長になった。「教室図書館」は好評で、卒業直前まで開館していた。「生きづらさ」を抱えた仲間が集まって、自分たちの要求を共同で実現したのである。

舞子は、以前のように大きな声で笑わなくなったと、五年次の仲良しグループの子どもたちの話。けれど今では、優しい笑顔で過ごす彼女がいることにみんな気づいていた。

………………………………………………………………………………

舞子が「オープングループノート」で出会った仲間たちは、けっして親密なベタベタした関係ではなかった。読書が好きということだけで一致した、ノート内で出会った仲間である。好きな本を交流しているうちに「教室で皆にも読んでほしいね」から始まった「教室図書館」の取り組みであった。

「生きづらさ」を抱えた仲間であるからこそ、生活を変えていこうとする思いは強いはず。そこに要求が生まれ、共同することでその要求は実現できるのである。

②自由であることの意味を共に考える

学校現場においては、「自由」であることへの風当たりは強い。

教師・大人の都合でつくったルールや価値観のもと、一斉・一律な同一歩調で、しかもそれが競争的に進められているのが日本の学校だと言っても過言ではない。最近の「学校スタンダード」にいたっては、教え方だけでなく、教室の掲示物の場所、子どもの反応の仕方（二回頷くなど）まで統一されている。

そんな学校に、「自由」の価値観を放り込むと、子どもが言うことをきかなくなる、わがままに育つ、子どもの機嫌を取るのは教育的ではない等々の批判をあびることになる。下着の色まで決められてチェックされる校則が最近になってやっと問題になったことからも、日本の学校の自由度の低さがうかがわれる。

ちなみに「自由」というのは、独りで好き勝手なことをすることではない。自分自身の家族や仲間、全く関りのない世界中の人々も含めた、多くの人々との関係の中で実現、実践されていくもののはずである。

◈みんなの権利を大切にする共同力

二〇二〇年一月に経団連の提言において「ジョブ型雇用」の導入が推奨された。「ジョブ型雇用」とは、企業の中で必要な職務内容に対して、その職務に適したスキルや経験を持った者を、個人として契約・採用する雇用方法のことである。

従来の「日本型雇用」（メンバーシップ型雇用）は、まずは職務を決めずに採用。その後研修を行い、その中で本人の志望や適性を見て配属先を決める、といった雇用形態が主流であった。

しかし、多様性を持ちつつ高い専門性を持ち、競争力を高めることが企業に求められる時代になり、個のスキルに合わせて採用する「ジョブ型雇用」が取入れられようとしているのである。

こうした動きの中で、離職・転職時代のうねりはますます大きなものになり、個のスキルアップ、キャリアアップを求める動きもますます強くなると考えられる。

しかし一方で、企業が求めるスキルを持つ者とそうでない者との間に格差が大きくなることが考えられる。さらには、希望する仕事のポストが少ない場合、「ジョブ型雇用」では職にあぶれてしまうリスク、さらには、業務の消滅などの理由で解雇が比較的容易なシステムである問題もある。

「ジョブ型雇用」を日本に合ったものに変えていこうとする動きや議論が盛んではあるが、「自由と権利の指導」を謳う「第2の進路指導」としては、こういった時代であるからこそ、個人の権利だけでなく、みんなの権利も合わせて考え、共同し、共に生きていく力の教育が大切だと考えている。

埼玉の実践家、北山昇は、『生活指導と学級集団づくり 小学校』（全生研常任委員会企画、高文研）の中の、「教室から飛び出す自由と戻る権利」（七六頁）の中で次のような実践を報告している。

小学校四年生のお誕生日会のレクをどうするのかの話題。「やりたいものをやりたい、って言おうよ」という声の中、サッカー少年団に所属する子どもたちを中心にサッカーをやることになった。ところがそのチーム編成は、サッカー少年団に所属する子どもたちの集まったチームとそれ以外のチームにわかれてしまった。「それ以外」のチームにボールが渡ることはほとんどなく、ワンサイドゲームになってしまう。

そのことに腹を立て、最初に異議申し立てをしたのが、ＡＤＨＤと診断され、その二次障害で暴力やらなんやらで、さんざん問題を起こし続けている大河であった。「こんなチームいやだ、やりたくない、やめる」と言ってコートを出て行ってしまうのである。その時の北山の指導は、

大河に「どうした」と声をかけ、サッカーを仕切っていた菜奈を呼んだ。「チーム替えしたい」という彼の要求とそれに同意した白石海の要求を、その場で正式な要求として出した。菜奈はチーム替えに反対し、菜奈と遊び仲間の数人も、「この次やる時にチーム編成を考えよう、今日はこのままで」と反対した。（中略）
「海と大河は要求出したから、後は班長会集めようか」と私が菜奈に声をかけた。菜奈は、「いいよ。わかった」そう言って班長達を集めた。（八四頁）

ここで学びたいのは、北山は大河の不満を、単なるわがままではなく「要求」としてきちんと受け止めていることである。さらには、この学級は、成員から要求が出たら、公的な班長会で話し合うことを指導してきたことがわかる。班長会で話し合った結果、「みんなが楽しめるよ

うに、この試合はここで終わって、新しくまたやろう」であった。そしてその場で、チーム編成をし直すことになるのである。

やりたいことをやれる権利と、みんなも楽しむ権利とがぶつかった時にはどうすればいいのか、自分の権利だけでなく、みんなの権利も大切にすることの指導が求められているのではないだろうか。

◈「自由席」に取り組む中で「自由席」で学んだこと

小学校の担任時代、高学年の学級で、意図的に「自由席」に取り組むことがあった。教室で座る席を自由にする……、という取り組みである。

子どもたちは一瞬、好きな席に座れる、仲良しと隣同士で座れると歓喜するが、次の瞬間、ちょっと待てよ……、と考え込むのである。

「近くの席に座ろう」と誘われない人がいるのではないか、そういった人がいたら自分はどう行動するべきか、隣同士で座りたい人が複数いた時はどうしたらいいのだろう、本当はAさんと隣同士で座りたいのにそうするとBさんはどんな顔をするだろう……、様々なことが頭に浮かんでくる。

自分が「自由に」座るということと、みんなが「自由に」座れることは必ずしも一致しないことに気づいてくる。自分の「自由」のために、他の人が「不自由」になることもあるのである。

子どもたちは、決められた席替えでは、これらのことは考えない。話し合う必要もない。活発に意見交換した結果、子どもたちが出した結論は

○グループをつくって座る　○グループ内の席は日替わりＯＫ

○一人になる人がいないように配慮　○一人になりたい人もいるのでそこは気遣いを

であった。

「一人の自由は、みんなの自由だ」と、その時の子どもたちが言っていたことを思い出す。

◆参加しない「自由」もある

さて、学校生活のいろいろな活動に、「参加しない『自由』もある」と考えている。

しかし私の場合、「参加しなくていい」とは教えてこなかった。
実践的には「この指とまれ方式」で、やりたい子が集まる活動を積極的に推し進めた。
そして、その活動への参加は強要しないが、「誘うことはする」のである。
誘う・誘われる、の関係の中で、参加しない自由もあることを学んでほしかったからである。

「欽ちゃんの仮装大賞」に学級の子どもたち有志が出演したことがあった。
テレビに出演したいという数人の子の夢から始まった取り組みだ。

その声は、やがて仲間を増やして、二四人にまで増えた。

厳しい地方予選を通過して、夢のテレビ出演。

テーマは「絵の具で遊ぼう」。パレットに絵の具でいろいろなことを表現している様子を身体で演技します。まず虹を表現、このあと雷、そして最後にオーロラを表現。結果は一六点で、見事合格。（一五点以上が合格です）

16点をとって合格した証の金メダル。今でも私が預かっている。

欽ちゃんのインタビューにリーダーの子が、練習をさせてくれた公民館の方や、ここには出ていないけれど応援してくれた学級の仲間に感謝の言葉を述べていたことが印象的だった。

参加しない「自由」は、「この指とまれ」で実践することで、参加する子としない子の分断ではなく、逆に共鳴と団結を生み出したのである。

「この指とまれ」方式の実践は、日常的にも、学級内クラブやサークル、グループノートなど、有志で取り組む活動を意識して取り組んだ。

これは、子どもたちの、チャレンジしたいという要求を実現する取り組みであるとともに、その過程において「参加しない自由」も教えていたのだと言える。

都内の中学校教師、加納昌美は「三年A組の物語」（『生活指導と学級集団づくり中学校』全生研常任委員会企画、高文研）の中で、体育祭の大縄跳びの練習をめぐって生徒たちと話し合っている。

朝練習については、浩は「俺、やらない。大縄跳べるし」と言う。皆は、「去年のように飛べない人が飛べるようになればいい」と、「技術向上の朝練」となる。カナが「でも最後は皆で練習したい」と言うと、浩は「放課後は時間内はやるよ」となった。「勝っても楽しく、負けても楽しく、かな」と言うと「それでいい」となった。〜中略〜

「……、朝練は強制しない。出られる人は出て練習する。放課後は全員参加する」と説明した。マリが不満を出したが、大輔たちが話すと「まぁ、いい」となった。（一一四頁）

この部分の記録について、藤井啓之（日本福祉大学教授）は加納実践の解説文の中で、次のように述べている。

（前略）自由時間の自由参加は、二つの点で重要であると思われる。

第一に、大縄跳びで勝ちたいと思う子もいれば、そうでない子もいる。練習しなくてもほぼ跳べる子も、そうでない子もいる。そういうときに、強制参加にしてしまうと、全員参加派の生徒は、他人の自由を奪っても当然だと思ってしまう。課外の練習は実行委員会形式で取り組み、自由参加にすれば、自由時間に協力してもらうという対応になるので、呼びかける側は呼びかけ方に工夫するようになるし、断られても仕方ないので不満が小さくなる。また、呼びかけられた側は、断ることもできるが、参加する時には気持ちよく参加できる。これによって、実行委員は呼びかけに工夫するようになったし、練習は強制参加だった昨年の練習とは異なり和やかな雰囲気で行われる。

第二に、自由参加は、一部の生徒たちが「結束して」参加したり、サボったりするという問題を無効にしてしまう。そのため、良太や利彦が浩に気兼ねせずに参加できるようになり、彼らの自立の条件を生み出している。

生徒たちが、今の思いをぶつけ合いながら話し合うことで、「自由」であることの具体的なイメージと、次への行動の仕方を学ぶのである。

③夢見る権利を保障する政治の責任を問う

戦後から就職氷河期と言われた一九九〇年代までは、努力すれば、継続していれば必ず夢がかなうといったメッセージがあらゆるところから発信されていた。しかし多くの人が夢を実現できないという現実の中で、夢がかなう期待感が薄れていった時代であったようにも思う。

それが二〇〇〇年代になり、先にも述べたように、社歴や年齢に関わらず実力で評価する考え方が広がってきたり、人々の「働くこと」に対する価値観の変化や多様性が生まれてきたりすることで、人々に、もう一度夢見ることができるような社会になってきたように見せられているが果たしてそうなのか……。ここで注意しなければならないことがいくつかある。

一つ目は、こういった「転換期」に於いても、投げかけられる声は、「標準」な生き方への働きかけである。夢を追い求め、離職・転職し、遠回りしている若者に対して、ふらふらと生きていると決めつけてのバッシングはまだまだ少なくはないことである。

二つ目は、二度と立ち直れないほど使い捨てられ、それが全て自己責任化されることの危険性である。夢を追うことは権利であり、その権利は守られなければならないはずだ。何度でもチャレンジするチャンスは誰にでも平等に与えられなければならない。そして、やり直しの生き方は社会的にも保障されなければならないし、そんな生き方を守る社会でなければならない。

三つ目は、国に貢献することが何よりも優先され（時には強要され）、税金が高かろうが、値上げが続こうが、我慢することが美しい生き方だと教えられ、知らぬ間に、リアルな現実やその背景の政策を見失うことである。それは国民の権利としての意見表明権を奪うことにもつながる。「自由」とは、国からの自由であり、一方的な価値観からの自由である。そしてそれは権利として守られなければならないはずだ。

四つ目は、将来を夢見ることも、好きな仕事を選んだり選び直したりすることも自由であり、その権利は守られる社会でなければならないはずだ。しかし、経済的にも、学力的にも格差は年々大きくなり、下の層にいることは自己責任化され、時には排除されることもある。日本の政策はその自由と権利が守られているとは言えない。

一九九五年に日経連が発表したレポート、「雇用ポートフォリオ」によると、「雇用において正規雇用は三割で、残りの七割は非正規雇用でいい」という考え方が示されている。

つまり非正規雇用の比率を増やすことで大きなコスト削減が可能となるということだ。そこから日本企業でも非正規雇用が増えたのである。いわゆる「標準型」の働き方が崩れ新自由主義的な価値観への「転換期」が訪れた時期とも重なる。

教育界も無関係ではない。新型コロナウイルス感染症で長期休校から再開に向けての第二次補正予算案で、小・中学校への加配教員三一〇〇人と学習指導員六万一二〇〇人分の予算が計上された。しかし、このほとんどが非正規雇用であることはあまり知られていない。

政府の教育再生実行会議ワーキンググループが「令和のスタンダード」と位置づけている政策は、一見少人数学級に政府・文科省は積極的姿勢をみせているように見える。しかし文科省は少子化で、今後一〇年間で発生すると見積もっている約五万人の余剰教員をあてる、という考え方であり、教育も、非正規雇用の教員に頼るつもりのようだ。さらに非正規雇用の教員を増やすことでコストを抑えようとしているということでもある。

このことは同時に教員を分断することでもあることに注意を払うべきだ。非正規雇用教員でも、学級担任を任されるケースは多い。正規雇用と同等の仕事量と責任を負わされている。それでも年収ベースでは、非正規と正規では大きな差がある。安定についての保障は言うまでもない。発言権もないに等しい。「校長や学校に対して異議申し立てをしようものなら、次の契約に支障がある」と、ある非正規雇用の小学校教員は本気で考えている。

まず、雇用のルールを見直すことは絶対に必要だ。政府の「教育の安上がり政策」によって、非正規雇用労働者、フリーランスの人々、特に女性と若者たちは大きな打撃を受けている。「転換期」の特徴の一つである労働法制の規制緩和路線を抜本的に転換し、最低賃金を引き上げ、八時間働けばふつうに暮らせる社会にしなければならない。

また同時に、大学の学費を半減し、本格的な給付奨学金を創設してほしいと思っている。

大学の午後の授業は、学生も教員も疲れている。事前に必死に資料を作って話をしていても、前の方の席で、講義のはじめから堂々と居眠りをされるとかなり落ち込む。そして、眠気を吹き飛ばすような講義ができなかったことに申し訳なさを感じてしまう。

ある時、二人並んで寝ているので、そっと起こして、「つまらない授業で申し訳ない」と謝ったことがある。学生は私が皮肉で言っているのかと思ったのだろう。叱られると思い身構えた。

そこで、「眠くなるのは私のつまらない講義のせいもあるけど、あなたたちの昨晩の生活を教えてください」とお願いしてみた。すると案の定、夜遅くまでのバイト生活が続いていたのだ。

今の学生は、学費をはらい、学生生活をおくるためには、アルバイトが欠かせない。そして深刻な困窮に陥っている学生も少なくないのだ。

【2】情勢分析力と見通しの力（メディア・リテラシー）

自らの進路をデザインしたり、決定したりしていくためには、社会の状況について考える力が必要である。そして、その為のメディア・リテラシーも大切に育てたい力の一つである。

メディア・リテラシーは、ここでは、各メディアから発信される情報について、真偽を判断するだけでなく、その中身についても批判的に読み拓き、分析することとして使っている。なぜなら、高度な情報社会においては、情報の操作によって人々を誘導することは容易であるからだ。そして、メディア・リテラシーを発揮していくことは市民社会への参加へとつながっていく。

しかしながら学校現場では、世の中で大きな話題になっていることがあっても、職員室や教室では一言もその話題にならない、というのは「学校あるある」な状況。これは社会全体でも同じようなことがあるのではないだろうか。

例えば、ウクライナ情勢についても、どれだけのことが職員室や教室で語られてきただろうか。そのことが（社会情勢が語られないことが）、「学校・教師、非常識論」につながっていないだろうか。そして何よりも、子どもたちに、社会に対する情勢分析力をつけることの放棄、そして、社会に出ても社会情勢は話題にしてはいけないということを暗黙の了解事項にしていないだろうか。

教室ではもっと社会情勢、時事問題について「全体雑談」をするべきだと思う。「全体雑談」とは、教室で時事問題をとりあげ、それぞれの考えを述べ合うことである。私の場合は、教師がテーマを子どもたちに投げかけていた。次に述べるように、原田真知子氏は、子どもたちからテーマを出していたようだ。

◈「クローズアップ・ザ・ニュース」や「全体雑談」から

神奈川県の小学校教師の原田真知子は『「いろんな人がいる」が当たり前の教室に』（原田真知子、高文研）の中で、「クローズアップ・ザ・ニュース」の実践を紹介している。（一七四〜一七六頁）

「クローズアップ・ザ・ニュース」とは、日直がニュースを書いてきて、自分の感想も含めて発表。それについて意見を交わし合うという実践である。そこでは、

○中学生が修学旅行先で被爆者で語り部である人に「死にぞこない」と言ったというニュース

○「自衛隊集団的自衛権行使容認」のニュース

○「ＦＩＦＡワールドカップ」でのドログバの話題や、ブラジル大敗の後の暴動のニュース
○「後藤健二さん殺害」のニュース

などがとりあげられて話し合われる。ぼーっとしたりおしゃべりしたりしていて、話を聞き逃すケイタや、チナツやヒカリが、みんなとは違った角度から問題提起したり、意見を述べていく中で、教室でのケイタらの見方が変わっていく。そして子どもたち同士も何度も「出会い直し」をし、教室の中にいる友だちの発見にもつながっていくのである。

私も、毎朝五分から一〇分、世の中で話題になっていることについて、教師からではあったが、「全体雑談」として取り上げ、話し合いをしていた。そして、必要とあれば、特別活動や総合的な学習の時間、また教科に振り替えた特別授業で子どもたちと一緒になって学びを展開する。

そうしてできた実践が『原発を授業する』（子安潤・塩崎義明編著、旬報社、二〇一三）に掲載した「泊原発の授業」である。

◈原発を授業する

三・一一の翌年度（二〇一二）、原発問題について報道された新聞記事を毎日のように読んで

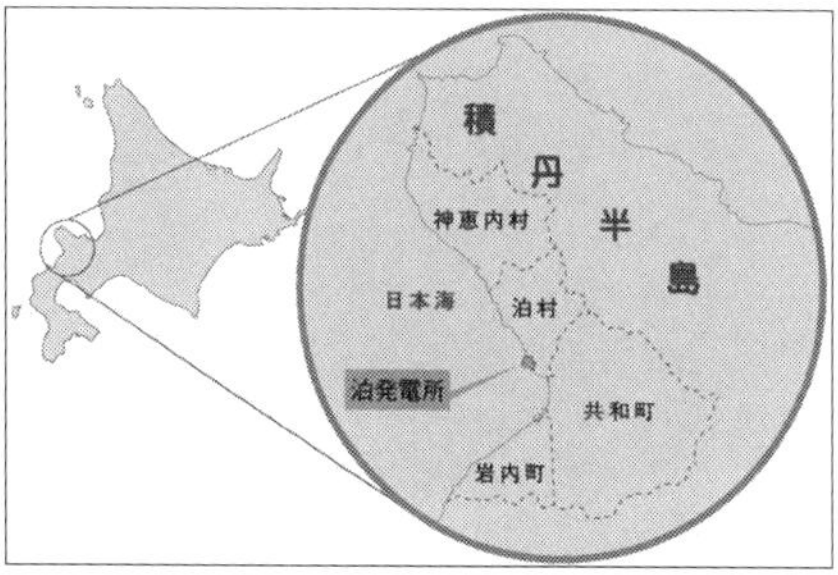

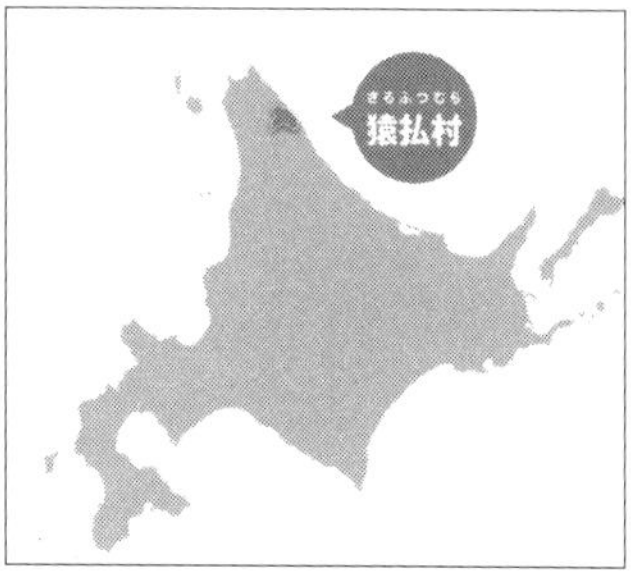

子どもたちと一緒に考えていた。（六年生）

そして、二〇一二年五月六日、泊《とまり》原発三号機が定期検査のため発電を止めたとの報道が。

この時点で、当時の国内の原発五〇基すべてが停止となり、話題になったのである。

日本の全原発が止まったのは一九七〇年以来四二年ぶりだったという。

四二年ぶりに全原発が止まる最後の原発として注目された北海道泊原発。

こういった話題がなければなかなか注目されなかった小さな原発の町「泊村」。

当時、原発問題の授業は、放射能問題を中心にとり組まれることが多かったのであるが、そこに人々が生活していたこと、そして今も生活していることと結びつけて考える必要があるのではないかと思った。

子どもたちの興味は、

①原発誘致にふみきった当時の泊村の事情とは。
②そして漁民はなぜ反対したのか。
③最後に合意した理由は？
④原発を誘致しても結局は過疎問題が解決できなかったのはなぜか。
⑤一方、同じ北海道の猿払村の成功※とは？

原発が人々の生活にもたらした明暗を子どもたちと一緒に考えてみたいと思ったのである。

※詳しくは、前出『原発を授業する』参照

※一九六〇年代には他の地域から「貧乏見たけりゃ猿払へ」と言われるほどの状況から、地元の特産品であるホタテ漁にこだわり、地元が一丸となって日本初のホタテ稚貝の大規模放流事業に成功。一九九〇年代は五〇億円前後だったホタテ漁は、直近では一〇〇億円前後の生産高まで数字を伸ばすことに成功した。

ここで述べておきたいのは、『原発を授業する』に掲載したような授業は、「全体雑談」の中から生まれてきたということである。福島の原発事故により、反原発の世論が広がっていた中、なぜそんな危険なものを地域に誘致しようとしたのかが子どもたちにとっては疑問だった。そして誘致の背景に何があったのかを調べ始めたのがこの授業である。こうした社会問題を扱う学びは、生き方を指導する「第２の進路指導」として必須である。自分の生き方は、社会に開いているものであり、その社会と自分とがどのようにつながっているのかを学ぶことは重要だからである。

◈ちょっと待てよ……、と疑ってみる

現代は、情報があふれ、その情報を利用して、人々を操作する事（集客活動を含む）が当たり前のように行われている。そんな時代にあっては、批判的リテラシーの力は重要である。

私たちは「情報を疑う力」が必要な時代に生きているのである。

まず押さえておかなければならないことは、情報というものは、良い意味でも悪い意味でも、

必ず特定の意図を持った誰かによって、特定の目的に沿って編集されているということだ。

何年か前に、学級崩壊をテーマにテレビ局から取材されたことがある。大がかりな取材で、ホテルの一部屋を使って一対一で話をするというもの。取材は一時間以上にのぼった。私は、崩壊した学級を担任するのに大切なことは、

①子どもたちとの関係のつくりなおし

②子どもたちとの関係を壊してしまった学校改革

③教師間の共同

であると主張した。

ところが報道された内容は、わずか三分間で、荒れている子どもたちの様子とそれを抑えるために苦労している教師の様子が報道されただけだった。全体的には「どうして子どもがこんなにひどいことをしているのに、ビシっとしめないのか」という印象だけが残り、私の伝えたかった子どもたちとの関係を壊してしまった学校の管理体制の問題や、子どもとの関係の作り直しのこと、そして教師間の共同については、全く伝わってこない編集になっていたのである。

テレビは、限られた時間内に情報を視聴者に確実に「消化」させることを編集方針としている。

ゆえにこういったことはよくあることだと、まわりから慰められた記憶がある。時間の問題だけではないだろう。スポンサーとの関係、時には、国や政府への忖度の問題などが絡んでくることもあることが予想される。

いずれにしろ、テレビから発信されてくる情報については、経験上、ちょっと待てよ……、と疑うことにしている。

ちょっと待てよ、と思い立って考えたオリジナル道徳授業「我々がスポーツをする理由」も「ちょっと待てよ、授業」である。

ある日のＮＨＫが、オリンピックを開催するメリットとして、下記の五つを提起・報道しました。

①国威発揚　②国際的存在感　③経済効果　④都市開発　⑤スポーツ文化の定着

納得できるのは、「スポーツ文化の定着」ぐらい。残りの四つは、「オリンピックって、そんなことのためにあるのでしたっけ？」と疑問に思うことばかり。

さっそくオリンピック憲章を調べてみました。長いけれど、まずはオリンピズムの根本原則を引用します。

一、オリンピズムは人生哲学であり、肉体と意志と知性の資質を高めて融合させた、均衡のとれた総体としての人間を目指すものである。スポーツを文化と教育と融合させることで、オリンピズムが求めるものは、努力のうちに見出される喜び、よい手本となる教育的価値、社会的責任、普遍的・基本的・倫理的諸原則の尊重に基づいた生き方の創造である。

二、オリンピズムの目標は、スポーツを人類の調和のとれた発達に役立てることにあり、その目的は、人間の尊厳保持に重きを置く、平和な社会を推進することにある。

三、オリンピック・ムーブメントは、オリンピズムの諸価値に依って生きようとする全ての個人や団体による、IOCの最高権威のもとで行われる、計画され組織された普遍的かつ恒久的な活動である。それは五大陸にまたがるものである。またそれは世界中の競技者を一堂に集めて開催される偉大なスポーツの祭典、オリンピック競技大会で頂点に達する。そのシンボルは、互いに交わる五輪である。

四、スポーツを行うことは人権の一つである。すべての個人はいかなる種類の差別もなく、オリンピック精神によりスポーツを行う機会を与えられなければならず、それには、友情、連帯そしてフェアプレーの精神に基づく相互理解が求められる。

五、スポーツが社会の枠組みの中で行われることを踏まえ、オリンピック・ムーブメントのスポーツ組織は、自律の権利と義務を有する。その自律には、スポーツの規則を設け、それを管理すること、また組織の構成と統治を決定し、いかなる外部の影響も受けることなく選挙を実施する権利、さらに良好な統治原則の適用を保証する責任が含まれる。

六、人種、宗教、政治、性別、その他の理由に基づく国や個人に対する差別はいかなる形であれオリンピック・ムーブメントに属する事とは相容れない。

七、オリンピック・ムーブメントに属するためには、オリンピック憲章の遵守及びＩＯＣの承認が必要である。

オリンピック憲章より

http://www.njsf.net/zenkoku/data/right/olympic_charter.pdf

どこにも、国威発揚だの、経済効果などとは書かれていないのです。

逆に、「オリンピック競技大会は、個人種目もしくは団体種目での選手間の競争であり、国家間の競争ではない」、オリンピック憲章の第九条には、こう明記されています。

オリンピック中は毎日、国別メダル獲得表がTVや新聞で報道されますが、これは視聴者や読者の関心を高める一助として、メディアが勝手にやっていることで、これについても憲章は「IOCはいかなるものであっても、国別の世界ランキング表を作成してはならない」と規制しています（第七一条の一）。

また、開閉会式の入場行進で使われる旗、表彰（メダル授与）で使われる旗、演奏される音楽も、規定上は国旗、国歌ではなく「各NOCの旗／歌」（第六九条、七〇条附属細則）となっています。

要は、オリンピックは、個人の努力の成果をためし、人種・宗教・政治等の国家の枠を超えた相互理解、国際親善を推進するのが大きな目的なので、国対抗になると国家意識が過熱し、逆効果になることを戒めているわけです。

ＮＨＫの、オリンピックを開催する五つのメリットの報道が、政府の意向であるとすれば、純粋な気持ちで参加し、応援しようとしている私たち国民の気持ちが利用されることになるのです。しかし、国威発揚や経済効果などのためにオリンピックを利用しようとする傾向は、日本だけではありません。そのような動きに異議申し立てのメッセージを送った、競歩の新井選手とダンフィー選手の行動はぜひ子どもたちの学びにしていきたいと考えたのが、「我々がスポーツをする理由」の道徳の授業です。

その授業では、リオオリンピック男子五〇㎞競歩で起こってしまった、順位をめぐっての日本とカナダの陸連同士、ネット上での国民同士のいさかいを横目に、二人の選手は閉会式で、笑顔で一緒に写真におさまっていたというお話。

メダルの数や、国威発揚に踊らされていたことの気づきと、オリンピックの真の目的を子どもたちと一緒に考えた授業です。

たいへんなのは、今は情報発信源がテレビやラジオだけではないということだ。ネット・SNS社会は、単なる情報発信にとどまらず、文化や流行の発信源にまでなっている。しかしこんな時代であるからこそ、私たちは子どもたちに「情報リテラシー、メディア・リテラシー」の力を育てる必要がある。そしてそのことが未来に自らの進路を築くのにとても大切なことになってくることは言うまでもない。

では、「情報リテラシー、メディア・リテラシー」はどのようにして身につくのだろうか。そのためにはまず、「全体雑談」などで、子どもたちと一緒になって「ちょっと待てよ……」「それホント？」と考えてみようではないか。

【3】自治の指導

「自治の指導」とは、各自が主権者として生活や社会に働きかけ、仲間と共に未来をデザインしていく力を育てる主権者教育でもある。自分の進路・人生を切り開いていくのに、この「自治する力」を育てていくことは、「第2の進路指導」として重要である。

「自治の指導」において、組織や集団を民主的に運営する「力」、自分たちの要求を実現させるための方法、それらのベースになる学び……、「第2の進路指導」では、こういった人とのかかわり方、社会とのかかわり方の教育を推し進めることが重要になってくる。この力なくして、新しい進路を切り開き、構築することはできないのではないかと考える。

◈形骸化する子ども自治の中で「自主集会」

子どもたちに「自治の力」を育てるステージは、小中学校にも、高校にも、そして大学にも準備されているとは言えない。児童会、生徒会の活動は形骸化され、大学においても、学生自治は政治活動に結びつくことが警戒され、制限されているのが現実である。中には、就職に不利になるという憶測から、役員のなり手がいなくなり、自治会が消滅した所もある。

結果的に、大学生になっても、議案の作り方、総会の進め方やルールを知らない者がほとんどなのが実態である。このような中で育った若者たちが、自らの組織を立ち上げることができるのかは、はなはだ疑問である。

児童会、生徒会が形骸化されていくことを目の当たりにした当時の私の記録を読み拓いてみよう。一九九八年度の記録である。

小学校の児童会活動が形骸化……、いやほとんど活動していないところすらあります。私の経験してきたことから児童会活動の衰退の様子を述べてみると、まずそれは、児童会役員選挙がなくなったことから始まりました。

小学生にとって子どもが子どもを「選ぶ」という指導は発達段階にそくしていないといったことが理由だったと思います。

リーダーがいるということが不平等であるといった考えもあったと思います。すべての子どもに同じような教育の機会が与えられるべきだという考えです。

しかしこういった考えは、子ども自身が、自分たちにとって必要なリーダーを見つけたり選んだりするといった民主主義原則のイロハを学ぶ場を奪ってしまいました。

また一方で、教師による子ども管理を生み出しました。つまり教師にとって便利なリーダーがたくさん出現したのです。なぜなら、子どもが選ばないのですから教師が選ばざるをえなくなったり、すべての子どもにリーダーの経験をといったごまかしの形式的平等主義は、結局は仕事が苦手であったりする子どもが「リーダー」の役割についた時に、教師がその役割をすることになっていったからです。

児童会活動の衰退の理由の二つ目は、五日制移行による特活の時間の削減にあります。学校行事の中の特活の時間がなくなっていくことは、多くの教師に歓迎されました。なぜなら、特活の、特に全校的な取り組みは、担任教師にとってかなりのエネルギーを使うことだからです。また、前述のように子どもたちのリーダーがいなくなり、子どもたちが自分たちで活動していく力がなくなっていった児童会活動は、教師がますます手を入れていかなければならなくなり、よけいに大変なものになっていくといった悪循環を生み出しました。

このようにして、小学校の児童会活動は、多くの学校ではしだいに衰退し、活発であると言われている学校でも、子どもたち自身の手による活動ではなくて、その準備のほとんどは教師が進めているといった、完全に形骸化した児童会になってしまったのです。

▼スーパーオリエンテーリング'98より（http://shiochanman.com/report/orien-1.html）

これらの背景を考えてみたい。

考えられることは、文科省が、子どもたちや若者が自治権を持つことを必要以上に警戒したのではないだろうか。これは学生運動のトラウマなのかもしれない。こうして特別活動に、自治という言葉はなくなり、役員選挙もなくした地域が広がった。

役員選挙がなくなっていく時代にあって、私たちはただ指をくわえてみていたわけではない。逆にこのことをきっかけにして、これまでの児童会選挙のあり方を見直して、子どもたちが主人公として活動できる選挙の指導の、私自身の実践記録を見つけたので、形骸化に抗う自治の指導の一例として紹介しておく（一九九八年度）。

まず手をつけたのが選挙運動です。それまでは、朝自習や給食の時に立候補者がそれぞれの教室を回る活動が中心でした。つまり立候補者の方から出向くといった発想です。その発想を逆にしてみたのです。つまり立候補者が「人を集める」という発想です。

まず立候補者は自分の演説会の日時と場所を確保します。そしてその演説会に多くの人を集める取りくみをするのです。

そして演説会で様々なパフォーマンスを繰り広げます。ダンスや仮装、歌声などです。もちろんそこでは、方針とそれにたいする質疑も行われます。

立候補者は後援会をクラスを超えて組織し、楽しみながら選挙運動を進めます。演説会の場所は主に校庭ですが休み時間には校庭のあちこちでこの演説会が繰り広げられます。

▼スーパーオリエンテーリング'98より（http://shiochanman.com/report/orien-1.html）

一八歳選挙権の時代にあって、自分たちのリーダーをどう選んでいくのかの指導が求められていると言える。選挙することをターゲットにした教育実践はもっと出てきて良いと思っている。新しい「演説会」のスタイルは、その後の「自主集会」の実践に引き継がれていく。

「自主集会」とは三人以上集まり、児童会役員に申請し、代表委員会で承認されれば、どんな集会でも開くことが出来る取り組みです。

活動時間は主に休み時間です。

イメージとしては、休み時間に校庭や校舎内、体育館、屋上などで、小さな集会があちらこちらで開かれていると考えていただければいいいと思います。

これまでには、ダンス集会、ビデオ鑑賞、チャレラン的なもの、スポーツ的な集会、将棋名人戦、コンサート集会などが開かれてきました。

主催は、私的な仲間であることもあるし、クラスや学年、委員会やクラブの時もあります。

コンサート集会では、バンドをやっている先生も参加して子どもたちと共に楽しんだこともありました。

▼スーパーオリエンテーリング'98より（http://shiochanman.com/report/orien-1.html）

子どもたちに、集会を開く権利を与えてその活動を保障することは、子どもたちに自治の力を育てる上で重要だ。誰が責任を持つのかを考える前に、まず子どもたちの自由な活動を教師の責任で保障し、子どもたちの自治を、口を出さずに見守ることも大切ではないだろうか。そしてそのことが、形骸化した子ども自治に風穴を開けていくきっかけとなったのである。

◈参加することの意味を問いながら

国家主義・新自由主義をベースにした統治と、ゴールの見えない成果の競争の中の学校において、「責任問題」を最優先しなければならない現実こそが問題である。

「責任問題優先」の学校現場が子どもたちに「任せる指導※」に目を向けられなくなったことは明らかである。

※「任せる指導」については、『学校ってボクらの力で変わるね』（植田一夫、高文研、二〇〇二年）参照

そんな「責任問題」を超えて、真に、子どもたちの手による学校を実現していく自治のあり方はどうあるべきなのだろうか。中学校の実践から考えてみたい。

中学校では、行事を通して、生徒たちに自治の指導を進めることが多い。岩手の中学校教員、藤原洋が『生活指導と学級集団づくり中学校』（全生研常任委員会企画　高文研）の中で報告した「自分たちで決めて自分たちで実行――ダメ学級からの前進」もそれにあたる。課題を抱えた子も多く、修学旅行でも決まりを守れない生徒たち。しかしそんな課題だらけの学級を目の前にして藤原は決意する。

子どもたちの力を信用して、「自分たちで決めたことを粘り強く実行していくことを繰り返すしかない！」迫ってくる運動会を、出来栄えはともかく、「自分たちの力でつくりあげること」

をとことんサポートしていく。（中略）私の我慢が始まった。（四四頁）

そんな中、この学級の発表は、昨年度さんざんな結果だったと、子どもたちも教師達からも評判の「合唱コンクール」に向けて話し合いが始まった。この話し合いは、生徒たちにとって衝撃的な、藤原からの問いかけから始まる。

T「（前略）……ところで、今年の合唱コンクール出場するの？」（中略）「……でもきみたちに、ちゃんと取り組む意思がなければ、やったってしかたがない。聴く方も不愉快になるからなあ。その時は、しかたがないから、職員会議で、私が『二組は出場できません。認めてください』って頭を下げてたのんでみるしかないなあ」（四九—五〇頁）

これは生徒たちから「やりたい」という声を引き出すための安っぽい挑発ではない。ここには自治を考える上でも大切な二つの意味が隠されている。

一つは、「自分たちの力でつくりあげる」ものとしての自治活動は、出場する・しないから、話し合う権利があるということ……、つまり、学校行事だから出るのが当たり前、だから仕方なく出場する、というのでは、自治活動ではないということだ。

そして二つ目は、出場する・しないを問うことで、なぜ出るのか、出てどうするのかが話し合われて、生徒たちが運動会で見せた「本気さ」や「団結」をより具体的な取り組みへと発展させることができるということである。

そしてコンクールの取り組み後、藤原は今回の指導について以下のようにまとめている。出場する・しないから話し合い、目標の意味を深めながら取り組みを具体化して生徒たちが動いた結果であると考える。

結果は、最優秀賞はとれなかったが、コンクール直前の練習の後、スクラムを組んでみんなで「ベストを尽くす勝ち鬨」をあげ、必死になって歌ったあとの姿に満足感が漂っていた。私には「出来栄え」や「最優秀賞」なんかよりも自分たちで決めて、途中いろいろあったけど、あきらめずに最後まで自分たちで実行できたこと、そして合唱の取り組みを通してクラスの絆がさらにふかまったこと（中略）リーダーがリーダーらしくなってきたこと、リーダーにたいする仲間の見方が変わったことが、これから卒業期に向けた大きな収穫だった。

◈「自治」は「学び」があってこそ

「自治」は、自分たちが置かれた生活現実から起ち上げなければ「自治」とは言えない。「誰とでも仲良くしましょう」などときれいごとの「徳目」に従って生活するのは現実を直視していない生活であり、もちろん「自治」とは言えない。

原田真知子は『学びに取り組む教師』(全生研常任委員会企画 高文研)の『いろんな人がいる』が当たり前の教室に」(四〇頁)の中で、五年生のイブキと彼をとりまく学級集団の学びについて報告している。教室抜け出し、授業妨害、暴力事件、教師反抗……と、教師からはもはや見てみぬふりをされ、仲間たちからは「イブキと同じクラスになったらもう学校に行かない」とまで言われている彼をめぐって、「いろんな人がいる」という「学び」の実践を展開している。その狙いについて原田は次のように述べている。

イブキを恐れ、「理解できない」という思いを抱いておびえている多くの子どもたちに、「イブキのような子」について知ってほしかったし、イブキにも、「人はいろいろだ」ということに気づいてほしかった。何より、差別や排除によって人権がおびやかされている人たちがたくさんいること、その社会の仕組み、課題と「乗り越えるために必要なことは何か」を共に学んでいきた

かった。（五二頁）

こうしたねらいと願いをもって進められた学びは、映像やＤＶＤ、そして写真を観て話し合う形である。それは、「ＡＤＨＤについて」「それでも生きる子供たちへ」「静粛のマウンド」の映像、そして「あなたのコンプレックスは何？」と問いながら、椿姫彩菜さん、中村中さん、はるな愛さんの写真を提示しながら、三人の生きづらさや苦悩について話し合う。さらには、南アのキャスター・セメンヤ選手が出会った困難についても触れている。

こうした学びの中で、

子どもたちは世界の子どもたちが直面している現実や、いろいろな立場、境遇の人たちがいることを知り、その中には人権が十分に守られていないケース、差別や排除を受けて苦しんでいる人たちがいることを知った。

こうした「学び」と、「イブキをはずさない」という働きかけを経て、イブキは肩を聳やかさなくても廊下を歩くことができるようになり、甘えた声も出すようになってきたという。

子どもたちからの「学び」の要求は、障害を持つ人・在日外国人・ホームレスの人・男性、女性（性に関わること）・アイヌの人たち・学歴・貧困・見た目（容ぼう）・病気の人・被差別部落の人……と次々と出てくるようになる。メディアによる人権侵害があることや、人権を守るために活動している人たちについても「学び」が広がった。

一二月のホームレスについての「学び」では、関連のＤＶＤを視聴しながら学び、憲法で保障されている「個人の尊重」「幸福追求権」を指導しているのである。

「すべて国民は、個人として尊重される」こと、個人はそれぞれ違った生き方の中で幸福を追求する権利を持っていることは「自治」のベースにあるものであり、まさに「第２の進路指導」の「自由と権利の指導」そのものである。

◈学校現場に共同の力を

ここまで、「第２の進路指導」の指導のテーマは、

【１】夢見る自由と幸せになる権利の教育

【２】情勢分析力と見通しの力（情報リテラシー含む）

【3】自治の指導

であることを述べてきた。

しかし、「ブラック」などと呼ばれている現在の学校現場で、これらの指導を貫いていくのは容易なことではない。

「異常」な忙しさの中で、手当の出ない残業の繰り返し、未経験な種目の部活動担当の強要と休日出勤、年々増えてくる指導の難しい子どもたちの登場、そしてなかなか「和解」できない保護者との関係、自己責任化される教育活動……、それでいて同じ指導方法が強要される「学校スタンダード」問題、さらにはいじめ問題や不登校の問題、虐待や地域内トラブル……、あげればきりがない日本の学校現場とその周辺の問題の中で、「第2の進路指導」をどう貫いていくのかは難しいテーマであることは確かだ。

そこで私は「学校を『同調強制』から『支援共同』の職場に」をテーマに次の四つの提言をしたい。

◆学校現場に教師が高め合い励まし合える関係をつくるために

①実践の自由を励ます
②ヘルプできることも教師としての大切な力量
③リーダーは下の者の声をボトムアップ
④上下関係を超えて議論できる文化をつくっていこう

①実践の自由を励ます

学校現場も、ずいぶんと不自由になってしまった。

子どもたちは「校則」で縛られ、教師も「学校スタンダード」に縛られている。

そして、子どもたちも、我々教師もその行動や口をふさがれ（自らふさぎ）、発言の自由も奪われているように見える。

危険なことは、私達は自由を奪われていることの自覚がないことだ。

やりたいことを我慢して足並みをそろえ、人間関係を気遣い、議論することを避けてしまう。

まわりと同じことをしていれば（することができれば）、安心だと考えて、自由な発想を封印してしまう最近の学校現場。

実践の自由を保障することは、その学校の教育の質を高めるとともに、実践を高め合い、励まし合える学校にするための基本である。

小学校三年生の社会科の目標で「身近な地域や市区町村の地理的環境、地域の安全を守るための諸活動や地域の産業と消費生活の様子、地域の様子の移り変わりについて、人々の生活との関連を踏まえて理解するとともに、調査活動、地図帳や各種の具体的資料を通して、必要な情報を調べまとめる技能を身に付けるようにする。」（学習指導要領　社会　第三学年の目標（一））というのがある。そんな目標を頭に置きながら、なにげなく浦安市（勤務していた市）の地図を眺めていて、一つのことに気がついた。

浦安市は、元町・中町・新町・工業地帯・アーバンリゾートの五つの地域に分けられるのだが、埋め立て前の「元町」にしかない地図記号を発見したのだ。「♨」（銭湯）である。

埋立地である「中町」に学校のある子どもたちには、温泉と言えば、高いお金を払って出かける健康ランド的な温泉、またはそれこそ、温泉地しか知らない。

そこで、当時の浦安市の元町に二軒しか残っていない銭湯「松の湯」に子どもたちと行ってみたいと思い立った。そして行って見学するだけでなく、実際に子どもたちと一緒に銭湯に入ってみたいと思いたったのである。

中町から元町に歩いていく道すがら、埋め立て前の面影が残る浦安市の様子を実際に見ることができるだけでなく、実際に銭湯に入ってみることで、マナーを学び、生活文化についても学ぶことができると考えたのである。

結果的に、職場の理解と、保護者の協力と参加によって、この実践は大成功に終わるのであるが、今回は、この実践に取り組むにあたって、いくつかの壁があったことについて触れておきたい。

なお、具体的な実践については、以下のサイトに詳しく掲載している。

▼銭湯物語（http://shiochanman.com/report/sentou.html）

◆実践の自由を求めて

この実践の目標と意義、そして保護者の協力体制などを具体化させて、校長に説明し、了解を得ようとした時の様子である。

校長「正直言って、これは認めるわけにはいかないね」

私「実践の目標と意義は今述べたとおりです。学級ＰＴＡ役員にも相談して、協力を約束してもらっています。交通の安全面については、他校も実践している道を利用しますので、安全です。どうして認めてもらえないのですか？」

校長「この……、実際に銭湯に入るというのがね……、どこもやってないでしょ」

私「どこもやってないからいいんじゃないですか。銭湯のご主人にも、もし子どもたちが入りに来ることができたら、お昼にお湯を沸かせて置いてくれることを立ち話ですが、約束してくれましたし、マナーも実際に話して教えてくれると言っていました。女子は、保護者の方に協力をお願いしようと、役員の方たちと相談しています」

校長「いや、それらの準備は素晴らしいと思うんだけど、そんなことじゃないんだよ。たとえば、来年の三年生の保護者が、今年は銭湯に入りに行かないのですか、と言われたら、どうする？　あなたが勝手なことをすると、来年以降の三年生の担任が大変になってしまうんだよ」

私「来年の担任が、やる必要を感じたのであればやればいいと思います。感じなければやらなくてもいい。その年度の担任が考えて相談し、決めればいいことです。やらないことで足並みをそろえるって、おかしくないですか？」

校長「教育実践は、一人でやるものではないからね。塩崎さんも、もう少し協調性をもって仕事をした方がいい」

やらないことで足並みをそろえる、協調性を持つ、という理由で、最初の交渉は物別れに終わってしまった。しかし、私はあきらめなかった。他の学年の五人の担任（全学年単学級なので担任は私を入れて六名）に集まってもらい事情を話して理解を求めた。そして五人とも、おもしろい実践だと前向きにとらえてくれて、応援すると約束してくれた。

しかし、一番若い女性の先生が、賛成をしながらも不安そうな顔をしていたので、以下のことを職場内で共有した。

①今年度の三年生の銭湯の実践は、実験的な授業であり、毎年行うことが決められているわけ

ではない。

②子どもたちの実態に合わせて、その年度の担任の判断で、見学だけにすることも大いにあり。

③本校では、それぞれの担任の良さや個性を生かした実践を、今後も子どもファーストで、アイデア豊かに進めていく。

この内容を成文化して再度、校長に交渉。

校長は、みんなが同意したのであれば、ということでようやく了解してくれた。

その後、保護者会に担任と学級ＰＴＡ役員の名前で、提案。

どの保護者も前向きに賛成。一緒に同伴してくれる保護者もスムーズに決めることができた。

実践の自由をかちとるためには、①同僚の支持。②管理職への了解。そして③保護者からの支持と支援が大切な事がわかった実践でもある。

先の戦争を経験した先人たちは言う。

〝戦争の時代ほど、一人ひとりの自由が奪われたことはない〟

〝自由が奪われたときこそ、平和の危機である〟と。

②ヘルプできることも教師としての大切な力量

まずは、教室で起こった様々な問題、そしてそれに伴う教師の苦悩を報告し、解決していく「公的なシステム」が存在していることが必要である。生徒指導部会や、ケース会議など、単なる報告に終わらせず、具体的な指導の提案まで継続してできる機関にしていく必要がある。

『生活指導と学級集団づくり 小学校』（全生研常任委員会企画、高文研）の中で、小学校教諭の豊田健三郎の実践報告で、ケース会議について報告されている。六年生の担任が、豊田が四年生の時に担任したあき子さんについて、話を聞きたいというテーマで開かれたケース会議である。六年生では、修学旅行前後以外はほぼ欠席で、登校してきた時にも男子とのトラブルが続いているという。ケース会議では、

適応過剰があり、「まあいいんじゃない」と受け流すといいとアドバイスしていたことを話す。

・四年時、ある子が何かをこぼした時、あき子さんはすぐに立って拭き始めた。「私こういう時、何かをしないではいられないから」と言っていた。自分はこうあらねばならない、こうありたいという傾向の強い子。

・「なりたい自分が自分」という傾向があると思う、と豊田。自分は構成できる、演出できると思っているのではないか、その自分とベタの日常の自分とのずれに対応できなくて休むのではないか、と豊田。（一二二―一二三頁）

豊田はあき子の自分のとらえ方を伝えると、六年の担任も同意。最近は、携帯電話に依存していて、特定の女子にメールを送り続けることもあるという。それに対して豊田は、

・構成できる・演出できる自分、相手という方向に周りを巻き込もうとしているのではないか。携帯やパソコンの通信でなりたいという自分を演出し、その物語を受け止め共に作り上げてくれる共依存的な相手を探し続けているという感じがする、と豊田。

また、そうした自己像とベタの日常の自分がずれるとき、あき子さんは生きづらくなるのではないか。そして欠席になるのではないか、と豊田。（一二三頁）

そして、

「なりたい自分と日常の自分が違うときは、誰にでもあるよ。まあいいんじゃない、と受け流して時間が経つのを待とう。そうするとリセットされていて、またスタートできるよ」そのように話していこう、と担任と確認。担任はそう話したらしい。豊田も本人を呼び、同じ話をした。

（中略）

それにしても豊田や担任がその話を本人としてから、本人の調子が良く、一一、一二月は欠席せず来ている。これも劇的な変化の一つだ。

豊田の勤務する学校では、こうしたケース会議が当たり前のように開かれ、子どもの分析と、その子のとらえ方、そしてその後の実践の共有まで具体的に話されている。

あき子にとっては、豊田だけでなく学校全体が自分をケアしてくれる対象として存在したのではないだろうか。そこにも、ケース会議の意味がある。

一方で、個人的な小さな悩みもヘルプすることも大切だ。

ところが、悩みをまわりに相談できないことも最近の学校現場の特徴の一つではないだろうか。

たとえば、子どもとの関係が悪くなってしまった時に、最近の教師は誰に相談するのかを勝手に予想してみた。

一位　相談できない　　二位　同世代の同僚　　三位　学年の先生
四位　学年主任　　五位　管理職　　六位　ＳＮＳ
七位　教師でない友人　　八位　家族　　その他

私は、必ず学年会の最初に、学級の様子、悩み相談・報告コーナーをつくっていた。

そして、うまくいかなかったことや失敗談、悩んでいることを、私から率先して話をした。

相談することやヘルプを求めることも教師として大切な力量であることをあらためて述べておきたい。迷惑をかけるとかできない教師に思われてしまうとか考えてはいけない。小さなことからどんどん相談していこう。相談・ヘルプすることは若手、ベテランに限らず、どの教師にも必要な力量だ。

③上下関係を超えて議論できる文化をつくっていこう

議論できる職員室にするための、五つの提言は、

◆議論の仕方とマナーをみんなでつくっていこう

(1) 周りが不愉快にならないための配慮を
(2) [結論—理由] のパターンで意見することでわかりやすく伝える工夫を
(3) 相手の意見を頷きながら最後まで聞く
(4) 一致できることを見つけて共同する方向へ
(5) 議論が終わったら今まで通りのお付き合いができる道徳とマナーを確立していこう

(1) 周りが不愉快にならないための配慮を

議論することはトラブルではない。
だからこそ相手や周りが不愉快にならない配慮が必要だ。

そのために、自分が年上であっても謙虚に、そして丁寧な言葉遣いが大切になってくる。時には、笑顔もあれば、さらにうまくいく。

一対一の議論が、みんなの議論へと広がっていけるような、前向き、建設的な議論ができることを目標にしたい。

（２）［結論―理由］のパターンで意見することでわかりやすく伝える工夫を

議論の基本は、自分の考えを相手に伝えることだ。

そのための話し方は、もっと研究されるべきだと思う。

とりあえずの工夫は、［結論―理由］のパターンで議論することだ。

すべてがそのパターンに当てはまるわけではないが、結論を先に述べることを意識することで、簡潔に、わかりやすく議論ができるはずだ。

（３）相手の意見を頷きながら最後まで聞く

当たり前ではあるが、相手の意見を最後まで聞いてから自分の考えを述べることが大切だ。

もちろん、一人の発言時間は決めておく。

しかしこの「当たり前」が意外に難しい。

気になる言説にすぐに反応したくなることがあるからだ。

そこはグッと我慢して、最後まで話を聞いてみよう。


ここで述べている「議論」とは、相手を打ち負かすための議論ではない。

そのためであれば、ヤジ文化も考えられる。

しかしここで述べている「議論」とは、教育の質を高め、後で述べるように、共同をつくりだすための「議論」である。

相手の意見にかぶせるように応答する人がいる。そういった人は、自分に自信がない人なのだと思う。先手を取り、強く出ないと負けてしまう不安が強いので、かぶせるように応答してくるのだ。そう考えれば、冷静に議論できるはずだ。

(4) 一致できることを見つけて共同する方向へ

総合的には合意できなくても、部分的に一致して、そこで共同できることもある。

いや、議論は最初からそこを目指すべきだ。

そもそも全体で合意できないからこそ、議論になっているはずだから。

そして、部分的な一致は、共同へのスタートラインだと考えてみよう。

(5) 議論が終わったら今まで通りのお付き合いができる道徳とマナーを確立していこう

議論することについて、大学の授業で感じたことの私の記録がある。ここで、最近の若者たちの考え方を事例として報告しておきたい。

「生きづらさの中にいる若者たち」

地毛が茶系な教師が校長から「黒く染めてきなさい」と言われた事案について授業しました。自分だったらどうするかを学生に聞いてみました。

ほとんどの学生が「黒く染めてくる」と答えました。理由は「もめ事になりたくないから」だそうです。

なるほどと思いつつ、言い返すことを期待していた自分は、今の若者の価値観を見ていないと反省しました。まずはそこからだと。

今の子どもたちや若者たちは、人間関係を円滑に回せるように常に気を遣っています。強い力や多数派に同調し、無理にキャラを設定して居場所をつくり、嘘芝居関係の中でトラブルを回避しているような気がします。

そして、その気遣いが皮肉にもそのまま生きづらさにつながっていることも事実です。

私などは逆に「人間関係トラブル生み出し能力」が高いのですが……、しかし解決能力はあるのかもしれません。

○意見すること

確かに意見する事は時には関係を崩すこともあります。組織によっては、上司や年上の人に意見すること自体が失礼なこと、やってはいけないことだという価値観を持っていることもあります。

ちなみにマナーとは上下関係を守ることではありません。上下関係があっても対等に議論できるためにマナーがあると考えています。

意見することでお互いの信頼度を上げていくような議論が必要です。そしてそれは長い目でみて組織や社会への貢献につながるような議論でありたいです。

○「なぜ・どうして」を失礼なく問う

髪を黒く染めてくるように指導された教師の話に戻しましょう。

まずは、「なぜ・どうして」を失礼なく問うことが大切です。

茶系の地毛な自分が、どうして黒く染めてこなければならないのかを聞いてみればいいのです。私などは失礼なのをかえりみず、ズバズバと質問してしまうのですが、やわらかく、失礼なく問うことは今の子どもたちや若者の方が得意だと思います。

次に、一度持ち帰らせてもらい、じっくり考えたり、相談したりする時間をもらうことです。すぐに結論を出そうとすると、圧に負けてしまうことが多いのです。その時に、自分の考えを多くの人と共有できるとさらにいいです。

そして、再度呼ばれた時に、ていねいに議論していけばよいと思います。

大切なことは、おかしい、変だと思ったことに無批判に同調しないことです。同調の繰り返しは、自分喪失につながってしまうと考えています。

学生だけでなく、我々もまた、どうしても、意見することは「失礼なこと」ととらえてしまいがちである。上の者には意見しないことが、マナーであると本気で考えている人も少なくない。

マナーとは、上下関係を超えて議論するために存在するものである。上の人とも、対等に話し合いができるためにマナーが必要なのだ。

そして、その議論が終わったら、議論する前の人間関係に自然に戻れることの道徳の確立が大切である。一度議論を戦わせると、二度と口をきかない関係になってしまうこともあるのが、私たちの弱さであり、克服しなければならない課題である。

さて、議論以前に、それでも発動される理不尽な学校運営に対しては、その理不尽に従いながらも、一方で笑い飛ばすことも、時には必要だと考えている。

「市民マラソン役員の無償動員をどうするか」

私の勤務していた地域でも、日曜日に開催される市民マラソンのボランティア（選手の荷物管理や受け付け、路上でコース管理）に教師が駆り出されている。もちろん「手当」は、なし。

ＳＮＳでも、日曜出勤が強要されて、出勤する職員の名簿に勝手に自分の名前が書かれていたことがつぶやかれていた。しかも、「都合がつかない場合は、他の人の名前を書いておくように」と、校長から指示されていたという。あまりにも理不尽な学校運営だ。

さっそく、大学の授業で、こういった場合、どう対応するかの意見を聞いてみた。

学生からは、従わざるを得ないという意見から始まり、無視して出勤しないなどの過激な意見まで出てきたが、なかなかナルホドと思える意見が出てこなかった。（管理職に意見する、という意見はなぜか出てこなかった）

するとある学生が、「校長先生の名前を書いておく」と発言。教室に笑いが起こった。わたしも、「私だったら『ドラえもん』と書いておく」と便乗発言。

実際に、校長先生の名前やドラえもんと書くかどうかは別にして……、そして、出勤するか・しないか、も別にして、こういった理不尽な学校運営を笑いのネタにして、笑い飛ばす感性が必要なのではないかとあらためて思った。

「笑い」は、お互いの失敗を許し合える関係をつくってくれることもある。ユーモアやジョークを受け入れることのできる関係が大切だと思う。事例を一つ紹介する。

★事例「亀が暴れた」

学期末の大掃除の日、教師一年目のＩ先生が子どもたちと一緒に泣きそうになっていたので、どうしたのかを尋ねると、亀を飼っていた大きな水槽を割ってしまったとのこと。

こういった場合本校では、教頭に報告して事務室に書類を提出しなければならない。ところがＩ先生、事務室のベテラン女性事務職員と相性が悪い。給料を取りにいくことを忘れて何度かみんなの前で怒鳴られていたこともあった。そこで……、

私「亀が暴れて割ったことにしなよ」

子どもたち「亀が暴れてこんな大きな水槽割るわけないでしょ」

私「そんなの、暴れてみないとわからないでしょ。みたことあるの？　亀が暴れたところを」

子ども「ない」

私「ほれみろ」

Ｉ先生「そんなうそ、つけるわけないです」

私「うそじゃないよ。ジョークだよ。昔、これで成功したから大丈夫だよ」

Ｉ先生「絶対に無理です！」

私「だったら正直にあやまるしかないね。でも、物がこわれるのはしかたがないことだし、ましてや、ふざけていたわけじゃない。なのに、あやまる・あやまらせるの関係が存在していることのおかしさ……、それに気づかないとね」

あとで子どもが私に報告してきた。

子ども「Iちゃん（子どもたちはそう呼んでいる）、小さい声で『亀が暴れて』って何度も事務室でつぶやいてた」

私「事務の先生に言ってたの？」

子「ちがう、独り言で。練習してたんだと思う。」

その後、I先生がどうしたのかは残念ながらはっきりとした記憶はないのだが、「亀が暴れて」って言えたような気がする。そして事務の人も笑ってくれたような気がするのだが……。

日本はもっと、コミュニケーションの潤滑油としてのユーモア、ジョーク、そして風刺の文化を進化発展させるべきだと思う。

日本の笑いが、ユーモアやジョークに発展せずに、自虐や、他者への「茶化し」にとどまっている問題と、「何をしても無駄だ」という「あきらめ・投げやり意識」とは無関係ではないと、ここでは問題提起しておきたいと思う。

第3章

今どきの教師のキャリアに注目して

「教師は常識がないからダメだ」

子どもの頃、酔っぱらった父が必ず始める教師批判。母の二人の兄は教師、何よりも自分の父親……、つまり私の祖父は大学教師だった。父にとってはこうした教師包囲網が窮屈で、その鬱憤が、お酒が入ると口に出たのかもしれない。

「教師は常識がない」「教師は視野がせまい」といった教師批判は昭和の高度成長期の頃から存在していた。目の色を変えて競争し、イケイケだった民間に比べて、のんびりと苦労なく勤めているように見えた公務員……、特に公務員の中でも教師に対するアンチな声だったのではないかと考えられる。

さて、時代が変わり、令和の時代になっても「教師は常識がない」「視野がせまい」といった視点からの批判は消えることがない。大卒キャリアで給与も安定し、何もなければ定年までストレートなキャリアをふむことができるように見える教師は、世間を生き抜くための視野の広さや常識は必要ない、といった見方からの批判であろう。加えて、なくならない「いじめ問題」、不登校への対応、理不尽な校則、教師自身の不祥事……、こうした問題について教師の責任を問う声もあるのだと思う。

こうした、なくならない教師批判の中で、教師自身も指導に対する自信が持てないでいる。

無理にマウントをとって子どもたちを動かそうとしている教師も少なくない。若い教師たちの大きなテーマは「いかにして子どもたちになめられないか」であることを聞いて、信頼関係の中で指導を成立させることの重要性をあらためて感じている。

しかしここでちょっと待てよ、と考える。

教師のキャリアは本当にストレートキャリアなのだろうか。同じ時代に生きている者が、教師だけストレートでいられるはずがない。給与面で安定していても、その生き方は多様化しているのではないだろうか。そして、多くの教師がそのことを自覚できていないことが、進路指導が学校選択指導に偏るひとつの原因になってはいないだろうか。

第3章では、あえて「教師の生き方」という切り口から「第2の進路指導」を考えてみることにした。

教師のキャリアを取り上げることで、日本の教師が自らのキャリアについて見つめ直し、いいこともつらいこともまとめて受け止めることができたら、子どもたちの「転換期」における多様性のある生き方に共感することができて、その指導の中身が変わってくるのではないかと考えたのである。

そんな思いを持って、今回は私も含めて一五人の教師キャリアについて取材し、紹介することにした。そして取材を重ねていくと、多くの教師が実に多彩なキャリアを重ねてきたことをあらためて確認できた。それをそのまま子どもたちに話すだけでも大切な進路指導になる話もたくさんあった。

取材させていただいた教師の皆さんは、けっして特別な方々ではない。私の身近にいる教師である。私の身近だけでもこんなに特徴あるキャリアをもっている教師がいるということは、ほとんどの教師が自分のキャリアストーリーを持っていると考えられるのである。その教師がそのことに気づいていないだけであり、指導に生かされていないだけなのかもしれない。

本書は、教師を目指す学生や教師の皆さんはもちろん、教師ではない方たちにもぜひ手に取ってほしいと思っている。「第2の進路指導」について考えることはもちろん、日本の教師の就職事情や生き方について、共に考えていただけると信じている。

快く取材に応じてくれた教師の皆さん、そして取材会場として放課後の教室を利用することを許可してくださった校長先生、笑顔で出迎えてくれた元同僚の皆さんに心から感謝したい。

※「教師キャリア」の紹介では、名前はもちろん年齢もプライバシー保護のために一部修正していることをお断りしておきます。また、年齢は取材当時のものです。

世界に貢献できる仕事をしてみたい……

さてここで、さっそく一人目の教師を紹介しよう。

自ら学びながら、自分のキャリアアップをはかっている教師を取材してみた。

彼は、国際協力機構（Japan International Cooperation Agency　略称：ＪＩＣＡ）の取り組みとして、教育方法を教えに南米に渡った後、世界のインクルーシブ教育の研究のためにイギリスの大学に渡って勉強中である。

教師キャリア① 「世界に貢献できる仕事を」 田村義男（仮名） 三四歳

違う価値観に触れてみたい……、世界に貢献できる仕事をしてみたい……。

学生の頃からそんな思いにかられることが多かった。

フィンランド教育を大学で学んだことが、学校教育に関わるきっかけとなった。

Ｈ県Ｒ市の小学校で三年間講師（非正規教員）を勤め、四年目から正規採用となり、六年間小学校で働いた。しかしその頃から、日本の教育制度や教え方に疑問も出てきたことと、学生の頃から考えていた「もっと、世界に貢献できる仕事をしてみたい」という思いが強くなってきた。

現地の教師に指導法を教えるために、南米のある国に渡ったのは、二〇一八年四月だった。Ｈ県に教員としての籍を置きながら、ＪＩＣＡの取り組みとしての派遣だった。その国のスペイン語は、ＪＩＣＡ主催の七〇日間の語学研修で一気に身につけた。

南米の国で学んだことは、以下の三つだ。

一つ目は、道徳心が日本とは違うということだ。道徳心や公徳心のようなものは、日本であろうと世界の果てであろうと大きく変わらないと思っていた。しかし、実際には国の歴史、文化や宗教などによって、大きく異なっていることを目の当たりにした。

例えば、その国ではゴミをゴミ箱以外にも平気で捨てる人がいる。その国には、ゴミを拾う専門の仕事の人がいる。ゴミが捨てられていないとそういった人たちの仕事がなくなってしまう、と考えるのだ。また、学校でもゴミをゴミ箱に捨てるような道徳・マナーを学ぶ機会がない。

このように、日本にいて当たり前だと思っていた価値観でさえ、その国によって違いがあり、しかもその中身も多様であるということをまず学んだ。

二つ目は、開発という仕事は、上から目線では成り立たないということである。開発途上国では、日本人が行うことは「それは、日本人の考え方や行動の仕方」として見られる。ゆえに上から一方的に押し付けるようなやり方では活動は成り立たない。日本の価値観の枠組みの中で進めてしまえば、現地の人達と友好的に進めることができないのである。

そこでは現地の人々との話し合いや彼らへの理解がどれだけあるかで、同じ活動でも結果が異なる。このことは、教室での教師と生徒・児童との関係とも似ている。どれだけフラットに、そして現地の文脈でゴールを設定し、プログラムを実行していくのかが大事なのだ。

三つ目は、南米以外の多くの国の価値観に触れることができたことである。南米での生活では、南米の人だけでなく、ホームステイ先にノルウェー人やオーストリア人もおり、一緒に生活する中で、様々な価値観に触れることになった。日本人の中にも、ＪＩＣＡボランティア、ＪＩＣＡ職員、大使館の人、民間企業の駐在の人、留学生、現地でビジネスをやられている方や旅行客などと交流することができた。そのような出会いの中から、Ｈ県Ｒ市の教師としての枠組みだけで物事を考えていた自分に気づくことができた。南米には一年間滞在した。

帰国後、再びＲ市の小学校で一年間勤務。退職。その後、半年間、アルバイトをしながら、留学準備を始める。イギリスのサセックス大学教育開発学修士課程で学ぶことになったのは、二〇二一年九月からだ。資金は、民間財団の奨学金を利用した。

修士論文は、アフリカのタンザニアにあり自治権のあるザンジバルという地域のインクルーシブ教育について執筆しようと考えている。

日本で働いていた時は、インクルーシブ教育は特別支援教育というイメージがあった。しかし、インクルーシブ教育の中には、身体的・精神的な障がいだけでなく、人種差別、ジェンダー格差、言語による差別（英語やスペイン語などのような旧植民地支配側の言語と少数民族の言語）、宗教による差別など様々な問題が含まれている。

教育は、貧困の連鎖を断ち切り、誰もが幸福に生きるために必要なことを学べる場と世界でも、日本でも言われている。子ども達の学ぶ権利が奪われ、生涯に渡り貧困の中で生きていかなければならない現実をどう考えればよいのだろうか……。

そのような現状を批評し、どのような政策やプログラムが有効なのかということを研究してみたい。今後は、国連・ＪＩＣＡで、教育専門家として、開発途上国の支援に携わりたいと思っている。

自分の教え子にとっては、一生、自分は教師なので、教え子達に背中で語れる教師・人としての人生を送ることが目標。そのためにも、今までと同じように、自分のできることを積み重ねることとチャレンジを大切にして、自分の役立てるところで、教育に携わる仕事をしたいと思っている。

教師であること、教育に関わることをベースにしながら、「世界に貢献できる仕事をしてみたい」という夢を持つ田村さんは、実践・行動を生き方の真ん中に置きながら、スペイン語を身につけ、南米で文化の多様性に触れ、そこでさらに次へのステップを見つけていき、今はイギリスで世界を視野に入れたインクルーシブ教育を学んでいる。

「行動しつつ学び、学びつつ行動していく」田村さんの生き方は、「第2の進路指導」としても参考になる生き方である。

ディズニーランドとの二刀流

自分の夢、好きなことに特化して人生設計をした事例を紹介しよう。
夢に向かって生きようとする時、必ず「現実」という壁にぶつかる。
それは経済的な問題であったり、「ふつう」という価値観であったりする。
しかしそれでも好きなことを、納得できるまでやりきってみる。
夢にどこまで近づけるかチャレンジしてみる。
すると、そこからたくさんのことが学べることが多い。

教師キャリア②「ディズニーに籍を置きながら」松井信也（仮名）三一歳

ディズニーランドで働きたかった。ゲストに対する「おもてなし」の考え方に大きく影響を受けた。大学の卒論にも、ディズニーランドのおもてなしの「五つの鍵」について論じた。

※五つの鍵（five-keys）になったのは二〇二一年度から。国際理解やＬＧＢＴＱの理解が進む中、これまで四つだった行動指針（ＳＣＳＥ）に一つ追加された。このＳＣＳＥは上から順番に重要とされていて、昨年度から追加されたＩの位置もなかなか興味深いところだ。（ＳＣＩＳＥ）。卒論の時は正式には4-keysで、その中でも特にcourtesy、ホスピタリティーについて論じた。

【Safety（安全）】
安全な場所、やすらぎを感じる空間を作りだすために、ゲストにとっても、キャストにとっても安全を最優先すること。

【Courtesy（礼儀正しさ）】
〝すべてのゲストがＶＩＰ〟との理念に基づき、言葉づかいや対応が丁寧なことはもちろん、相手の立場にたった、親しみやすく、心をこめたおもてなしをすること。

【Show（ショー）】
あらゆるものがテーマショーという観点から考えられ、施設の点検や清掃などを行うほか、キャストも「毎日が初演」の気持ちを忘れず、ショーを演じること。

【Efficiency（効率）】

安全、礼儀正しさ、ショーを心がけ、さらにチームワークを発揮することで、効率を高めること。

【Inclusion（インクルージョン）】

さまざまな考え方や多様な人たちを歓迎し、尊重すること。すべての鍵の中心にあり、他の四つの鍵のどれにも深く関わる。

ＯＬＣ行動規準「The Five Keys～五つの鍵～」（東京ディズニーリゾート）より

これらは、教師になってからも仕事の指針となっている。

両親が教師だった。教師の仕事にも夢を持った。愛知県で一年間講師をつとめて正規採用。四年間小学校で教鞭をとり、教職生活は充実していた。

そんなある日、ディズニーのオリエンタルランド社で、職員を公募している情報を見つけた。詳しく読んでみると、六次選考まである。採用者は二〇名。何千人も応募するようなので、どうせ無理だ、夢だけでも拾うつもりで、応募してみた。すると、あれよあれよという間に次々と選考を突破してしまった。

さすがに、五次選考の個人面談まで行った時には、両親に内緒にしておくわけにもいかず、打ち明けて相談した。教師だった両親は、最初は驚いていたが、人生悔いのないようにと、やさしく背中を押してくれた。

教師の仕事に不満があったわけではない。もう一つの夢も追いかけてみたかったのである。

愛知の小学校を退職し、千葉県のオリエンタルランド社に入社した。

そこでは、公演活動の責任者の仕事を担当した。出演者の勤務管理や人事の仕事である。身近にあこがれのディズニーを感じながらの仕事には、満足していた。結婚をしたのもこの時期であった。しかし、そんな時に、新型コロナがやってくる。

コロナ禍になり、さすがのディズニーランドもゲストの人数を制限しなければならなくなった。同時に、ゲストそのものの客足も極端に減ってしまった。給与は、一気に下がり、生活するぎりぎりの状態になった。パートナーも働いていたので、生活できなくなったわけではないが、もう一つの夢、教師に戻ろうと思ったきっかけになったことは事実である。

最初は、オリエンタルランド社に籍を置きながら、講師として教壇に立つことにした。ディズニーで働く夢を捨てきれなかったからである。民間に籍を置きながら講師をすることは可能であるかどうかを県教委に確認してみたところ、籍を置くだけならば問題はないという。しかし現実的には、ディズニーに出社することはなく、教師の仕事に集中した。

ディズニーで働いていたことは、教師に戻って役に立つこと、参考になること、考えさせられることがたくさんあった。

一つは、働くことについてのリスペクトである。ディズニーランドでは、働くこと自体が尊重・尊敬されている。残業は避けられるだけでなく、やむをえない場合は、当然「手当」が出る。

二つ目は、人前で話すこと、議論することが大切にされているということである。そしてその為のマナーやルールが尊重されスキルを磨くことも要求される。仕事の質を高めていくためには当然のことであるが意見を言わないことが美徳とされている学校現場に、あらためて違和感を感じている。

三つ目は、ディズニーではゲスト、学校では子どもたちの笑顔を求めて働いていることに共通点を見出したことである。そのためには、最初に提示した、五つの鍵が学校現場でも大切なのではないかと、学校風にアレンジしてみると、

1．安全と安心　　2．ルールやマナー　　3．学び

4．共同・連帯　　　5．自由と平等、そして権利

まだまだディズニーに学びながら、もう一度教員採用試験をうけることを決意している。

教師であることも夢、ディズニーで働くことも夢、夢は一つである必要はない。
そしてそれらの夢は、お互いに共鳴し合って、新たな夢の発見につながる。
もしかしたら、それは「子どもの笑顔」だったのかもしれない。

ディズニーランドのオリエンタルランド社に労務トラブルが発生していることは承知している。聖学院大学政治経済学部政治経済学科准教授、金子毅氏は、『企業のヤスクニ』（金子毅、高文研、二〇二一年）の中で、高度なマニュアル労働で主体的意思が疎外されていく中、どんな仕事であってもゲストを喜ばせるスタッフの一員であることを演じるためにそのマニュアルにこだわらなければならない現実や、ゲストを喜ばせる一因としての自己研鑽が、際限ない労働、そしてサービス残業へと駆り立てることを明らかにしている。参照してほしい。夢のある理念を掲げた会社として、働く者の権利と夢を奪うことのないことを願うばかりである。

フリーランスティーチャーとして生きる

自らのキャリアアップや夢を追うだけではない。自分の時間を保障することで、やりたいことをやる……、その視点から教師の働き方について問題提起をしている先生がいる。フリーランスティーチャーとして有名な田中光夫（本名）先生だ。

田中光夫先生の豊かな実践力に注目が集まるが、私は、働き方の問題提起について注目したいと考え、Twitter のスペースで対談して、お話を聞いてみた。

教師キャリア③「フリーランスティーチャー」田中光夫（本名）四八歳

「フリーランスティーチャー」と名乗ってみた。

正規教員を退職して、非正規教員として働くことを決意したのは八年前。

きっかけは、当時の職場で二人が病休をとることになった時のこと。苦労して見つけてきた代替教員も辞めてしまった。そういったことが、自分の学校だけではなく、隣の学校……、そして全国的に発生していることに問題意識を持ったことが最初だった

代替教員不足……、いないのなら自分がやってみよう。

そして、疲弊している学校現場に元気を与えたい。

そんな思いが強くなったのだ。

また、非正規教員として働くスタイルは、採用されない時期に自分の時間をつくりだせることの魅力もあった。その時間を使って、好きな料理、イラスト、建築にも取り組める。

そういった生き方そのものが、教師の働き方についての問題提起になるのではないだろうか。

そう考えたのだ。

経済的な問題は、退職金と月々の給与で何とかなる。もちろん不安もあるが、次にどういうところでどんな出会いがあるかという期待の方が大きかった。自分の生きたいように生きることを優先したのだ。

非正規教員になってしばらく経った頃、採用待ちの時期に友人から、マーシャル諸島共和国の図書館建築のボランティア事業に誘われた。そもそも自分は読書活動には力を入れていた。学級内に一八〇〇冊の図書をそろえて、自前の図書センターをつくったこともあった。

作文指導としての、「作家の時間」「読書家の時間」の実践も積み重ねていて、読書を真ん中に置いた教育活動の重要性も感じていた。ゆえに喜んで、二〇一八年、マーシャル諸島共和国に渡って活動に参加することにした。

マーシャル人からマーシャルの社会を支えるためのリーダーを輩出したい……、マーシャルの生活や文化を継承できるような居場所を含め、学習に取り組むことが出来るパブリックな教育環境を整備したい。そんな目的をもってマーシャルの教育に貢献する活動である。

資材費が不足していたため、クラウドファンディングで協力を仰ぎながらの活動だった。

現地の人たちとのコミュニケーションやのんびりとした習慣に苦戦したり、予想以上に厳しい活動であった。しかしトラブルを逆に楽しみながら作業をコツコツと進めた。

セメントを捏ね、枠を組み立て、壁を貼り、屋根をふき、ペンキを塗り……、本当に、すべてを手作りで進めた。そして二〇一九年三月、ついに現地に図書館を建てることができたのである。

帰国後、フリーランスティーチャーとしての活躍は止まらない。

学校が変わる時は、必ず校長と、働くことについて約束事を確認した。

勤務時間を守ること、実践の自由を保障すること……、教師として働くことの「当たり前」

を確認することを忘れずに取り組んだ。

母親が、労働者の立場に立った権利を大切にする人だった。その教えが受け継がれていると思った。

フリーランス教員になっても、子どもの指導の難しさ、教師の働き方の問題は、同様に、いや、短期の勤務であるがゆえに、正規で働いていた時以上に難しく押し寄せてくる。

しかし彼はその現実から逃げようとしない。

むしろ逆手にとって、面白いことに変えてしまう「魔法」をもっているようだ。

・地方にはフリースクールがあまりないな……

・世界中にある日本人学校でも教員が足りないらしい……、日本人学校の教員にもチャレンジしてみたい

まだまだ面白いことにたくさん魔法をかけてくれそうだ。

彼は間違いなく、転換期に生きる教師である。そしてそんな彼が最後に言っていたのは、教師もまた、多様なキャリアに本気で挑んでいける時代ではないのかということ。キャリアの豊かさは、必ず子どもに返っていくということだ。

☆プロフィール

田中　光夫（たなか　みつお）

一九七五年生まれ　札幌市出身

東京都公立小学校教員として一四年間勤務後退職、フリーランサーの教員になり、公立私立合わせて病気休業教員に代わり学級担任を行う。

ＮＰＯ法人「ＧＲＯＷＭＡＴＥ」理事として、代表進藤純子と共に六か月間にわたりマーシャル諸島共和国でのボランティア活動に従事。マーシャル諸島共和国初となる私設図書館の設計・施工を行う。

スーパー講師

そして私の身近にも、フリーランスティーチャーとしてのレジェンドのような教師がいた。定年まで、講師（非正規教員）として勤務した、松谷美代子先生（仮名）である。さっそくお話をうかがってきた。

教師キャリア④「スーパー講師と呼ばれながら」松谷美代子（仮名）六二歳

「スーパー講師」と呼ばれた。彼女に任せておけば指導の難しい六年生も大丈夫。市内のどの校長も、新年度の六年生を担任できる教師が校内にいないと判断すると、彼女が空いていないかを確認するのが当たり前になっていた。

正規教員と非正規教員とでは、年収でおよそ一〇〇万円の違いがでる。その他社会的保障についても差がある。であるにも関わらず「スーパー講師」の彼女は定年まで講師を続けた。

「合格しなかっただけ」と彼女は笑い飛ばすが、自分が必要とされていることを感じていたに違いない。そして実際に彼女はなくてはならない講師として存在していた。

彼女は、決して簡単に学級づくりを進めていたわけではない。そもそもいきなり赴任して難しい学級を担任することがどれだけ大変か、教師をやったことがない人でもわかるのではないだろうか。

実際に、「私より高い給料をもらっていて、どうして私に押しつけるの？」と愚痴ったこともないわけではない。しかし彼女は学級を立て直してしまう。そして、子どもたちに笑顔を取り戻すことができるのが彼女が「スーパー講師」と呼ばれる所以だ。

彼女の教師としての力量とはなんだろう？　と、話を聞きながら考え続けた。そして気がついた。とても聞き上手なのだ。私のどんな話でも笑顔で受け止め、笑顔で返してくれる。もっと話したい、そんな気持ちにさせてくれるコミュニケーション能力が彼女にはあふれている。

それは、講師の合間に続けてきた、多種多様のアルバイトの中で培ったものだという。美容院、クリーニング店、事務員、チケット販売、スポーツクラブ、舞台楽屋のお茶汲み……、講師のお呼びがかからない期間は、ありとあらゆるアルバイトを経験したという。そしてその中で色々な人とコミュニケーションがとれるようになった。それが学級づくりに明らかに生かされている。

子どもたちだけではない。市内の教師の中で彼女を悪く言う人はいない。彼女と一緒に仕事をしたことが自慢になるのである。

彼女と話をしていて気づいたことは、私の話をじっくり聞いてくれることである。逆に自分が取材されているように思えるほど、彼女は聞き上手であった。

きっと子どもたちの話も、こうして聞いてあげていたに違いない。

松谷さんの勤務した時代はまだ「標準・ストレートキャリア」の時代である。非正規で働くことに対して世間の目は冷たかったと考えられる。それでも、自分の生き方を「抱きしめて」(信じて、愛して)、「スーパー講師」と呼ばれるようになった。

そんな松谷さんをリスペクトすると同時に、子どもの側に立った実践を展開し、教師としての力量のある教師を正規採用しない行政の問題を問いたいと思うのである。彼女のような教師を、退職するまで非正規雇用として働かせたことに強く疑問を持ち、異議申し立てをするものである。

外から日本を見る

日本の教育をあえて海外から俯瞰してみることで、教育の可能性を考えてみたかった……。そんな生き方をした教師を紹介しよう。

教師キャリア⑤「『日本人学校』にこだわって」立山達也（仮名）四〇歳

父が日本人学校の教師だった。それで自分も中学校一年生から三年生までの三年間、シンガポールの日本人学校で生活していた。ちなみにパートナーとはシンガポールからの付き合いである。

帰国して大学を卒業後の二年間、財団派遣で、オマーンの補習授業校の仕事をした。子どもたちは、小学校一年生から中学校三年生の日本の子どもたち。週五日の勤務、一日二時間、国語と算数中心の授業だった。

帰国してH県R市の小学校に採用。八年目に文科省の日本人学校への派遣事業に応募して合格。三年間スリランカの日本人学校に勤務した。

現在四〇歳。このまま日本の現場にとどまる道を選択するか、再び海外の日本人学校への派遣の道を選ぶのか悩んでいるという。小学校一年生と三歳になる娘がいる。娘たちにも海外での生活を体験させたいと思っている。

なぜ、海外での教師生活にこだわるのかを尋ねてみた。

一つは、日本の教育現場の「きゅうくつ感」である。

海外の教育現場でも、指導のマニュアルやルールは存在する。

しかしそれらをどう利用するのかは、あくまでも個人に任されているマニュアルやルールであり、日本のように、一斉に一律に行動しなければならないことではない。その通りに利用しなければ排除されてしまうような、同調主義的なマニュアルやルールではないということだ。

そういった意味で、日本の学校にはどうしても「きゅうくつ感」を覚えてしまうのだ。

二つ目は、自分や自分の子どもたちに、引き出しを増やしたいということだ。物の見方、現実の受け止め方、人とのかかわり方は、もっともっと多様であり、その多様性を受けとめる力量と、それを自分の引き出しとする学びが生きる元気になると考えている。

三つの国で生活したことは、現地の人たちとはもちろん、そこで働く多様な職種、人種の人たちと出会うことである。彼らから得た、多様な価値観は今の自分の大切な引出しとして存在している。

三つ目は、日本という国を俯瞰して見ることで、国のありようを考えられるということである。特に娘たちはこの国の未来を生きていく。同時に、この国の主権者でもある。主権者として生きていくためには、国のありようを、多様な引出しを使って考えていく必要があるのではないだろうか。

それができる環境で育った自分は恵まれていると思った。

日本に留まるか、もう一度海外に出るのか……。

その答えはすでに出ていると思った。

文科省に提出する論文をすらすらと英語で書いていく彼の力量に舌を巻いた記憶がある。

「育った環境に感謝したい」と述べる彼の謙虚さが印象に残った。

外から見るからこそ、見えてくるものがある。

彼のような教師の目が、日本の教育を変えていく力になるのかもしれない。

教師の子育て

教師も子育てをしながら勤務していることがあまり語られないのはなぜだろうか。

三・一一の震災の時、日本の多くの教師は自分の子どものことを心配する前に、目の前の子どもたちの安全を優先していたことを、私は千葉県浦安市の小学校で目撃している。

教師なら当たり前だと言われてしまえばそれまでなのだが、教師というのはそういう職種であるということが、教師の子育てについてあまり語られない理由の一つなのかもしれない。

私は夫婦で教師をしている。息子が生まれた当時の育休は一年間しかとれなかった。しかも二月に生まれたので、復帰するタイミングが悪くて、結局育休をとったのは半年であった。三歳で保育園に入れるまでは、勤務している学校の近くに住む民間の方に預かってもらっていた。

また、同じ市内で勤務し、子どもも同じ市内の保育園・小学校・中学校に通ったので、行事が重なることが多かった。たとえば運動会など、行ってあげられないことがほとんどだった。小学校の卒業式は、私も六年生の担任をしていたので行くことができなかった。それらのことを息子はどう受け止め、理解してくれていたのかは恥ずかしながらさだかではない。

教師だから子育てが大変だ、ということではなく、教師もまた、他の人たちと同じように悩みながら、子どもを育てているということをわかっていただきたいのである（そんな悩みは小さいという批判を受けるのを覚悟しつつ）。

公務員は最長で三年間育休が取得できるものの、育児休業手当金が給付されるのは最初の一年間だけで、二年目以降は無給である。育休の開始日から一八〇日経つまでの間は、育児休業手当金は一日につき標準報酬日額（標準報酬月額の二二分の二）の六七％の額が支給される。

民間の育休は子どもが生まれてから一歳になるまでの期間で利用できる。一歳になっても保育所が見つからないなどの理由がある場合には、事前申請により一歳六ヶ月から二歳まで延長も可能である。

育休取得率は、女性が九九・八％。男性が八％である。教師の中にも男性が育児休業をとる者が増えてきているがまだ二％だという報告もある。

二〇一〇年六月三〇日から、父母がともに育児休業を取得した場合の育児休業期間の延長制度（パパママ育休プラス）の導入に伴い、育児休業手当金の給付期間も延長されるようになった。

配偶者が子どもの一歳の誕生日の前日までに育児休業を取得している場合、子どもが一歳二カ月になるまでの間に最大一年まで育児休業手当金が給付されるようになったのだ。しかし、安心して子育てができるまで育休を保障できるまでにはいたっていないのが現実である。

ちなみに、婚姻届を出していなくても、事実上婚姻と同等の関係とされている事実婚カップルは、法律婚と同様に育児休業の取得が可能である。

法律上定められている育児休業の範囲は、法律上の親子関係のある養子も含まれる。ただし、現在の婚姻制度で夫婦と想定されているのは異性同士。同性パートナー同士の子は育児休業制度の対象とされていない。

しかし、社内制度上で、同性パートナーを家族と位置づけ、法律上親権を持っていない同性パートナーとの子も対象の範囲として定めることができるはずである。

企業が育児休業について、就業規則や育児・介護休業規程などのルールを法律に基づいて策定し、男女問わず仕事と育児が両立できるような職場環境を整えることが大切ではないだろうか。

二〇一八年一一月二八日、厚生労働省の「二一世紀成年者縦断調査（二〇一二年成年者）」によると、夫が平日に家事や育児をする時間が長いほど、妻が出産後も同一就業を継続する割合が高いことがわかった。就業継続割合は、家事・育児時間「なし」四二・三％に対し、「四時間以上」六三・二％だった。

ここでは、まだ少数の、育児休業をとった男性教師を紹介してみたい。

どんな分野でも、少数であることからのスタートには勇気が必要だと思うのである。

教師キャリア⑥「男性の育休」田山和夫（仮名）三八歳

育児休業での一年間は今しかできないことだと思った。

そして、生まれたばかりの子どもに、親としてかかわることに悔いを残したくなかった。

妻のお腹がしだいに大きくなっていくのを見ていて、育児休業をとることを決意した。

妻は民間の会社に勤務。

同じく育児休業をとる予定。

保育園が見つかれば、一年間……、入れなかったら二年間とる予定だ。

二〇二二年一月に子どもが生まれた。

元気な子だった。

校長に、育児休業をとることを願い出た時には、最初はすごく驚いていた。

男性が育児休業をとることはそれほど珍しいことだった。

そして、「一月からだと、代わりの教師がなかなか見つからない。育休をとるのは四月まで待ってくれ」と言われた。また、年間の講師だと見つけやすいので、四月から年間でしっかりと休みをとってほしいことも言われた。

職員室では、女性の先生たちからは応援してもらえた。ぜひとってほしいと背中を押してくれたのだ。男性の同僚は、年下の、独身の教員が多かったせいもあり、反応はあまりなかった。

自分の母親は、「うらやましい」と言ってくれた。

妻の両親は、「いつも一緒にいて、逆に大丈夫？」と笑いながら言ってくれた。

どちらも、前向きに受け止めてくれていた。そして月に一度は、孫の顔を見に来てくれている。

さて、実際に育児を経験してよかったと思ったことは、女性がいかに大変な思いをして子どもを育てているのかということが実感できたことだ。女性の教師をはじめとする、働きながら子育てをしている女性たちには、本気で尊敬の念を持った。

もちろん自らも積極的に、育児に参加した。

おむつ、ミルクや離乳食……。

特に大変なのが、夜泣き対応。眠ることができない日が何日も続いたこともあった。

なぜ泣いているのかわからないことが一番つらいことであることも分かった。

経済的、金銭的にもきついことも実感できた。

育児休業給付金は、最初の六カ月間は、給料の六七％、半年後からは五〇％に下がる。

（これは給料ではないので非課税である）

そして、育休は予定していないが、二年目からは手当てがなくなる。

※育児休業給付金は、子どもが一歳になるまでもらえるが、一歳時点で保育園に入れなければ一歳六ヶ月まで、その時点でも保育園に入れなければ最長二歳まで五〇％を受け取れる。

※育児休業給付金をもらうためには、雇用保険に入っていることが条件のようだ。

ちなみに、「児童手当て」として三歳未満の子ども一人につき月額一万五千円が給付されるという制度がある（第一子、第二子の場合三歳以降は一万円になる）。そして、所得税はもちろん、共済組合の掛け金や厚生年金保険料なども免除される。

とは言え、マンションのローンを払いながらの生活で、経済的・金銭的には確かにきつい。

今後、夫婦での育児休業制度を本気で広めるのであれば、給付金を上げていかなければならないだろう。

こういった情勢の中で、それでも男性が育休をとることを進めますか？　と尋ねてみた。

もちろんすすめます、との答え。

子育ての大変さ、楽しさが夫婦で共有できるだけでなく、教師であれば、教師としても成長できるとのこと。

「子どもがいなければ子育ての大変さがわからない」という論には賛成できないが、保護者の子育ての大変さ、苦労に共感できるチャンスがあるのであれば、それは大切に生かすべきだと考えている。

そして、政府が本気で働き方改革を考えているのであれば、手当の問題や、休める環境づくりなど、積極的に進めるべきだと強く思っている。


無収入問題と共に、育休があけても、小学校にあがるまでの三年間を苦労する。

保育園に入れるまでにひと苦労。

次は、教師の子育てが、教師自身のキャリアに大きな影響を与えることがある、という事例を紹介しよう。彼女は、子育てのために二年間休職して、上海で生活した。

教師キャリア⑦「休職して上海で子育て」山本里香（仮名）四一歳

もう限界だと思った。

仕事を休みたいと思った。

三歳になる息子を育てながらの教師生活。

ＩＴ関連会社で働く夫は三年前に中国に単身赴任していた。

小さな息子を保育園に預けてからの出勤。時間に追われて大きなストレスを感じながら一日がスタートする事が続く。さすがに学期末には、福島から母親が来てくれてサポートしてくれたが、仕事を持っている母親にずっとお願いするわけにはいかない。

校長は事情を理解し、校務分掌や学年などを配慮し、林間学校や修学旅行など、宿泊を伴う指導のある学年は外してくれた。そのことでまわりに申し訳なさを感じていた。

しかし、休みたいとは思っていても、教師を辞めたいとは思わなかった。教員採用が厳しい時代に、講師を続けながら三度目の受験で合格。その後、正規採用教師として五年間勤めて結婚した。

今振り返れば、何もわからず、ただ必死に子どもたちと向き合っていたあの五年間が一番充実していたように思う。そう考えてしまうことが、今現在指導している目の前の子どもたちに申し訳ないと感じる。

夫とは、大学時代の同期。教育学部と工学部、学部は違っていたが、寮で知り合った。中国に単身赴任する時には、キャリアアップのために自分から手をあげたという。そしてその事を応援した。夫は、一人で子育てしながら仕事をすることになった事を何かと気にかけてくれていた。そして、毎日のようにスカイプで連絡を取り合っていた。

しかしそれでも、学校現場の異常な忙しさの中で、もう限界だと感じていた。息子には、もしお母さんが倒れたら自分で冷蔵庫を開けて何か食べなさい、と大真面目に教えた。息子はまだ意味がわからずニコニコしていた。

そんな息子が五歳になった時、友人から、千葉県には「配偶者同行休業」という制度があることを聞いた。配偶者が海外で働いていた場合、ＭＡＸ三年まで休業をとり、一緒に海外で生活できるという制度だ。なぜそのような制度があることに気が付かなかったのかと直ぐに飛びついた。校長に相談すると前向きに準備を進めてくれた。そしてその制度の利用者第一号として、息子と共に、三年間上海に住むことになったのである。

上海では、息子は、日本人幼稚園から、日本人学校二年生まで通うことになる。日本人が集められた集合住宅ではあったが、海外での生活は、息子にとっても良い経験になった。また、自分も、違った価値観に触れた時に、それを受け入れて、幅のある考えを持つことができるようになった。

三年後、キャリアアップした夫と共に帰国。学校現場は、英語や道徳が教科になっているなど、浦島太郎状態。しかし不思議と気持ちに余裕がもてた。

息子はまもなく中学生になる。

「配偶者同行休業」という制度があることを知ったのは偶然であった。

もし友人からの情報がなければと思うと、ぞっとするという。

行政は、こういった制度を整備すると同時に、もっと現場に広めるべきである。

「準備しました。あとご自分で見つけてください」というスタンスでは、せっかくの制度も生かされないのではないだろうか。

「幹部候補世代」の生き方

彼らは採用された時から幹部候補生だと教育委員会から見られていた。就職氷河期といわれた時代、H県でも教師の採用のない時代が一〇年以上続いた。二〇〇〇年代になり、ようやくポツポツと採用が再開された。しかし学校現場には、三〇代がすっぽり抜けていた。このままでは、団塊の世代が抜けると管理職になる者が全くいなくなってしまう。二〇〇〇年初頭に採用された彼らは、そういった問題を補填するために、最初から幹部候補として育てられることを宿命づけられた世代だったのである。

彼らは、二〇代で体育主任、生徒指導主任を任された。時にはいきなり学校現場を離れる人事を受け入れなければならないこともあった。しかしそれもみんな、時代が作り上げた理不尽だった。

そして彼らはそれを理不尽ととらえず、自分達に課せられた期待だと捉え、真摯に流れに身を任せた。口の悪い者は「言いなり世代」などと陰口を叩いた。しかし彼らは一見、言いなりに見える生き方の中で、確固たるアイデンティティーを築いていたことに目を向けなければならない。
今回は彼らの世代の中で、二人の教頭先生にお話をうかがった。

教師キャリア⑧「教育委員会や社会教育施設の仕事を通して」井桁達夫（仮名）四五歳

講師として二年間働きながら、実家のあるＨ県の採用試験を受け、三回目の試験で合格した。四〇代の体育主任がほとんどの状況の中、採用二年目に体育主任、四年目には生徒指導主任の経験を積んだ。二〇〇〇年初頭、四〇代の先生方は下の世代がいなかったため、長い期間、体育主任を務めている状況がその当時はあった。

三校目の学校で初めて学年主任となるが、一年間の学年主任の経験だけで、つぎのキャリアは教務主任であった。

結局、担任として勤めたのはその時の学校が最後ということになる。そしてその後は、波乱万丈なキャリアを積むことになるのである。

採用一五年目、四〇歳の時、教育委員会への異動を命じられた。

将来の幹部としての準備が始まったと言える。

その時は、「ああ、自分もこんな道を歩むんだな」と漠然と思っただけだった。

同期の中には、すでに現場を離れて教育委員会に入っていた者がいたからである。

そしていずれ自分も……、という覚悟はできていた。

現場に未練がなかったわけではない。

しかし学校教育を、また違った視点で眺めてみることに興味もあった。

教育委員会には二年間務めた。

その間、教育委員会内での人脈、教師ではない役所の職員との交流、学校教育を動かしていく組織の流れの仕組みなど、現場では得られない情報と知識を得ることができた。

そしてさらに、予想していなかった異動を命じられた。

社会教育施設への異動である。

県は学校教育と社会教育のパイプづくり、そして情報交換等のために国との人事交流を行っている。

社会教育施設の中には、博物館や公民館、青年自然の家などへの出向がある。

その取り組みに抜擢されたのである。

異動に伴い給与は下がったが、それでも大丈夫なように共働き夫婦の自分が選ばれたのかもしれない、と考えて自分を納得させた。

社会教育施設では、研修会の主催、研究者とのリンク、子どもたちの見学の対応等々の仕事があり、今までとは全く違った職種であったが、学校教育を外からの視点で見ることができ、何よりもそこで働く人たちの、事務職や研究職としての個性あふれる才能に出会うことができた。そこでもまたひと回り成長できたと感じた。

社会教育施設には三年間勤めながら、教頭試験を受けて合格した。

そして現在、教頭をつとめている。

いきなりの人事に、抗うこともできたはずである。

しかし彼は、そこには成長と幸せを見出そうとはしなかったのだ。

時代の流れに身を任せてみることも一つの生き方である……、そこから自らの成長をつくりだす……、そういった生き方もあることを私は彼から学んだ。

ほぼ同世代の教頭先生にも話を聞いた。

彼もまた、抗うことをしなかった一人だ。

教師キャリア⑨「相談員として学びながら」土井雄二（仮名）四九歳

採用試験は九九年から五回続けて受けて、五回目に合格した。最初の三回は中学校国語で受験していたが、途中大学の、科目等履修生として小学校免許を取得。四回目、五回目は小学校の採用試験を受けた。採用されたのは二〇〇四年。就職氷河期がようやく終わろうとする時代である。父親も校長を務めていた彼もまた、採用された時から幹部候補生として考えられていたと言える。

Ｆ市で採用されて三年務めた後、隣のＲ市に異動して三年間勤めた。そこでいきなり、Ｋ市の郷土博物館への異動を命じられるのである。

郷土博物館は、Ｋ市教育委員会、生涯学習課の施設である。彼もまた、幹部候補としての第一歩を歩み出すことになる。

郷土博物館には三年間勤めた。Ｋ市の歴史的な遺産の管理と文化の継承、それを語り継ぐボランティアの皆さんとの交流。子どもたちの見学の指導もあったが、学校現場では味わえない人々との交流の経験を得ることができた。

郷土博物館での勤務が終了し、再びＫ市の小学校で二校四年間勤務。

そしてここでもいきなりの人事が命令される。「休暇等補助教員」としての辞令である。何らかの理由で休暇に入った学級に補助教員として代わりに担任をする仕事である。この仕事をした二年間で、一三校の小学校をまわることになる。短いところで二週間、長くて一カ月ごとに学校が変わる生活。同じ管内とはいえ、学校によって仕事の仕方が違うこともあり最初は戸惑ったが、変化とリズムのある働き方の中で、自分の力を大いに発揮することができたと考えている。

その仕事を終えて、二〇一九年度には、今度は「訪問相談担当教員」を命じられた。主に不登校の家を訪問したり、保護者の相談を受けたり、学校を参観したりの仕事である。この仕事は、五市で、対応していた家庭は、二〇〜三〇軒になっていた。

厳しい社会生活と学校・教師不信の中で、不登校という生きづらさを抱えている子どもたちや保護者にリアルに向き合うことで、学校教育の在り方について真摯に向き合い直すことができるようになったという。

一年間、この仕事をした後、二〇二〇年にＲ市の小学校に教務として復帰。その年に教頭試験を受け、現在教頭として勤務している。

彼らの「教師キャリア」を動かしたのは彼らの意志ではなかったのかもしれない。

しかし彼らは、その意志を自分の意志として前向きに「変換して」自分のキャリアに生かしている。子どもたちに真摯に向き合っている教師の立場で学校づくりを進めようとしているのである。

ただでは「言いなり」にならなかった……、ということだ。

一度距離を置くことも選択肢の一つ

「転換期」の時代は、チャレンジとドリームの時代であるとともに、何度でもやり直しの出来る「リセット可」の時代でもある。教師もまた、指導の難しくなった子どもたちの現状、保護者との関係、職員室の人間関係など、精神的につらいことが山積みだ。

文部科学省は二〇二一年一二月二一日、二〇二〇年度（令和二年度）公立学校教職員の人事行政状況調査の結果を公表した。精神疾患による病気休職者は、五、一八〇人（全教職員数の〇・五六％）。過去最高だった前年度（二〇一九年度）から二九八人減少したものの高止まりが続いている。

精神疾患による病気休職者を学校種別にみると、小学校二、五四一人、中学校一、二七二人、義務教育学校二二人、高校六九九人、中等教育学校六人、特別支援学校六四〇人。年代別では、二〇代八三九人、三〇代一、四三一人、四〇代一、三四六人、五〇代以上一、五六四人であった。

この結果は、休職者の数が五〇〇〇人で横ばいだとも読める。しかしこれは、代替教員不足で、

教育職員の精神疾患による病気休職者数（令和２年度）

文部科学省

〇教育職員(※)の精神疾患による病気休職者数は、5,180人（全教育職員数の0.56%）で、令和元年度（5,478人）から298人減少。

(※)公立の小学校、中学校、義務教育学校、高等学校、中等教育学校、特別支援学校における校長、副校長、教頭、主幹教諭、指導教諭、教諭、養護教諭、栄養教諭、助教諭、講師、養護助教諭、実習助手及び寄宿舎指導員　（総計920,011人（令和2年5月1日現在））

教育職員の精神疾患による病気休職者数の推移（平成23年度～令和2年度）

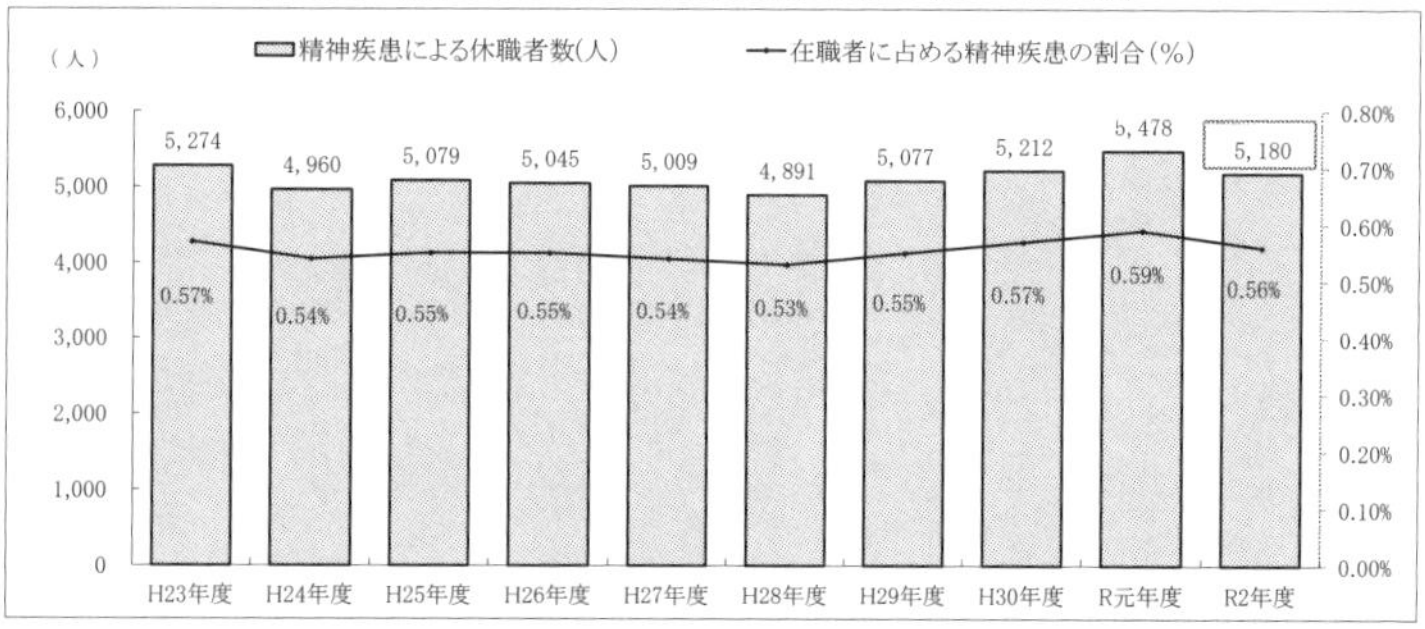

もはや休むことさえ許されず、無理をしている教員が増えているのではないかと懸念される。通院していたり、薬を飲んだりしながら勤務している教員も少なくなく、その人数は把握できていないが、かなりの数になると考えられる。

　この集計は、毎年文科省から発表されるが、その背景がなかなかはっきりしていないことが特徴である。そこで、九州中央病院メンタルヘルスセンター、十川博氏は、ここを受診した教員のうち、病気休暇・病気休職となった人、一〇五人について調査をした結果を発表しているので見てみたい。

　※中教審、学校における働き方改革特別部会、二〇一八（平成三〇）年七月一九日による

九州中央病院メンタルヘルスセンターを受診した

教員のうち、病気休暇・病気休職となった人、一〇五人についての調査によると、複合的な原因が背景にあると思われるが、そのうち「休むに至った主たる原因（第一位）」と主治医が判断したものを集計した。その結果によると、

・対処困難な児童・生徒の対応……四二・九％
・保護者への対応………………二〇・〇％
・管理職との関係………………一二・四％
・異動による不慣れな職場環境……八・六％
・同僚との関係…………………七・六％
・その他…………………………八・六％

対処困難な児童・生徒への対応に苦慮した結果というのがもっとも多くて約四割。次に保護者への対応が約二割（おそらく児童・生徒への対応と複合的な場合も多い）。つまり、ある特定の児童生徒や保護者との関係がこじれたり、授業が成り立たなくなったりするケースが半分以上を占めている。

管理職との関係、職場環境、同僚との関係などの職場での人間関係等に起因する要因も、合わせると約三割となる。

私の経験上、対処困難な子どもへの指導や保護者対応は、職場の共同の力によって乗り越えられると考えている。ところが、教育活動の足場になるはずの人間関係が、精神的疾患の要因の三割にのぼってしまう現状は、まさに逃げ場所がないくらいに追い込まれるということである。

このことは、子どもたちとうまくいっていても、職場の人間関係がその足を引っ張ることも大いにあるということでもある。

そんな時は、私は「一度距離を置くこと」をすすめている。

以前ならば、問題にしっかりと向き合い、時には理不尽な現実や権力と闘うことをすすめ、連帯を呼びかけたのであるが、教師の「孤立化」は予想以上に進んだ。

いっとき距離を置いて情勢を見極め、新たな戦略や生き方を練り直してもいいのではないかと考えている。

教師でいることをやめることを勧めるわけではない。

しかし、いっとき距離を置いたり新たな道を見つけたりすることも許される時代ではないだろうか。

教師キャリア⑩「『学校は楽しいところ』そう思って教師になったけれど」安田芳樹（仮名）四三歳

「学校は楽しいところ」そう思って教師を目指し、みんなが笑顔になれる様に学んできた……。採用が厳しい、二〇〇〇年初頭に講師をしながら、六回目の採用試験で合格して正規採用となった。そして、採用されて、五年目に六年生（四クラス）の担任となる。ところが、この学年の子どもたちの指導が難しく、苦労することになる。やがて同じ学年を組んでいた担任二人が、体調を崩して休職してしまった。

この時は、とにかく自分の学級の子どもたちの心をつかむことで精一杯だった。民間教育団体の研究会にも足を運び、子どもたちに寄り添うことを大切にするようにつとめた。教師の学びを大切にしていこうと思う中、他の教員からは「六年生の行動がひどい」「ちゃんと指導して」と批判されてしまう。現場にいること、学んできたこと、子どもたちへの接し方、今後の自分、といった葛藤が生まれる。心の中で、「自分のクラスは守ろう」という思いとは裏腹に、自分たちの学年がリアルに崩れていくことを感じていた。

この時期、管理職も、同僚も、そして子どもたちも、みんな敵に見えてしまった。

「楽しいクラス、学校」にしたかったのに……。

学校を異動しても、管理的・支配的に子どもたちに関わるまわりの教師達に違和感を感じていた。自分の指導は「甘い」「もっと厳しくやらなきゃ」と見られ、子どもたちや保護者にはもっとガツンと指導しなければならないと言われることが多かった。

そしてついに、一八年間続けた学校現場を離れることを決意した。この時期、自らの離婚問題なども重なったこともあり、もう一度、自分の生き方を見直してみたいという気持ちもあった。距離をおくことで見えていなかったことが見えてくることもあると考えたのである。

退職後は、自宅を拠点として「生きる力を育む学習スペース」を開いている。学校生活に疲れている子や、学習の遅れを取り戻したいと願う子どもたちが集まっている。そして同時に、民間学童保育で、子どもたちと接しつつも「教材開発」や「タブレット教育の見直し」「スタッフの子どもへの接し方」についての教育関連の企画を行っている。自分たちが公教育の世界で学ばせていただいたことは、「外の世界では『希少』なことかもしれない」と感じるようになってきた。

学校現場から距離をおいてみて、あらためて自分のしてきたことは間違っていなかったことに気づく。しかしその方法が不器用であったがゆえに、まわりに理解してもらえないことがあった。

そして、子どもに笑顔になってもらうためには、教師もまた、笑顔になることが大切であることにも気づき始めている。

このまま、教育ビジネスの世界で生きていくのか、はたまた学校現場に復帰するのかはまだ決めていない。

急がなくていい。

子どもたちの笑顔は自分の笑顔と共にあるのだから。

学校現場から完全に離れてしまう生き方もある。

しかし教育活動から完全に脱退したわけではない。

違う側面からエールを送っているのではないだろうか。

教師でいること、教師の仕事を続けることを否定しているわけではない。

そもそも教育という仕事は、あらゆる視点からの共同が必要だと考えているのである。

次は、八年間、学校現場を離れていたけれど、再び戻って講師（非正規教員）をしている事例を紹介したい。彼はこの夏、採用試験を受け直す予定だ。

教師キャリア⑪「それでも学校現場にこだわる…」 千島雄太（仮名）四一歳

自分の人間性を生かすことができ、人と人との関係の中で成立する教育の仕事がしたい。

そう思いが強くなり、大学では教職課程を履修していなかったので通信で教員免許を取得した。

そしてB県の採用試験に合格。

二年目から体育主任、七年目には生徒指導主任をつとめて学校運営の中心として活躍した。

しかし一方で、長時間労働をはじめとする、学校現場の様々な「理不尽」に次第に追い詰められていく自分がいた。このままでは自分が壊れてしまう。そこまで追い詰められてしまった。

そしてついに学校現場を離れることを決意したのは、二〇一三年、三二歳の時だった。

安定した教員の仕事から離れることに不安がなかったわけではない。

しかしそれよりも、前を向いて生きていくことを選択したのだ。

都内で塾を開いた。

デジタル教材を使った塾である。

塾でネットを利用していたのは当時では珍しく、小学生新聞で紹介されたこともあった。

そして生徒は、多い時には、四〇人を超す時期もあった。

ビジネスとしては成功したと言えるのではないだろうか。

塾は八年間続けた。

しかし、次第にビジネスとしての教育活動に、「これでいいのだろうか」という疑問がわいてきた。もちろん学校と同じように子どもが通ってくるのだから、人間性を生かさなければ成り立たない仕事である。しかしどうしてもビジネス優先で進めなければならないことの方が多い。

そんな時、教師になろうと決めた時の思いが頭の中をよぎる。

「人間性を生かしたい」

「人と人との関係の中で成立する教育の仕事をしてみたい」

しだいにそんな思いが強くなり、再び学校現場に戻ることを決意したのだ。

現在（取材時）、講師（非正規）をしながら、採用試験に挑戦している。

講師の仕事では、八年ぶりの学校現場で、戸惑うことも多かった。

英語や道徳の教科化。ＩＣＴ活用……。

しかしそれでも、現場に戻りたい気持ちが強いのである。

二度目の採用試験だ。

初心を忘れず……、しかし中身は新たな夢と希望で満ちている。

やり直しは恥ずかしいことではない。
やり直しは、間違いなく「前進」である。
何度でもやり直しをすればいい。
遠回りは、自分をきたえる。
そして場合によっては、夢への近道にもなることがある。

指導教育行政で一六年

定年退職後、小中高校生を対象にした塾を経営している先生を紹介したい。私とは全く違った生き方をしてきた教師である。

教育に対するアプローチも、生き方も、そして経歴も、私とは真逆な先輩教師だ。

なぜここであえてそういった教師を紹介するのか。

それは「進路指導」とは、多様な可能性と選択の指導だと思うからである。

指導する教師が、どのような思想を持っていようと、一方的にそちらに誘導してはならない。

ただし、私の「第2の進路指導」の四つの要点は押さえておきたい。

決めるのは本人であり、そしてその道を選択できる力を育てるのが「第2の進路指導」だと考えているからである。

そして何よりも、実は私はこの先生に、人間としての魅力を感じている。

漁師の子どもで船が好き。小学校の校長になった時に、都会の学校にカヌークラブを作ってしまったことで有名な先生だ。

しかし実は彼は一方で、指導教育行政で一六年つとめあげている。

夢を語ることと、行政のリーダーとしての彼が、彼の中で同居していることに魅力を感じているのかもしれない。

こんな教師の生き方もあるのだという一つの例として紹介してみたい。

教師キャリア⑫「船を浮かべて生活したい」村瀬光生（本名）七一歳

東北の山の学校に子どもたちを集めて、湖に船を浮かべて遊ばせたい……。

しかしそれが現実になる直前に東日本大震災が起きて、その夢は頓挫してしまった。

そんな夢を悔しそうに話してくれたのは、千葉県の塾で塾長をしている村瀬光生先生だ。

彼の教育者としての経歴はとにかく華麗だ。

船橋市及び浦安市内中学校教諭（一九七六年度から）
浦安市教育委員会指導主事（一九九一年度）

文部省初等中等教育局高等学校課研究開発担当専門員（研究開発学校等の担当／一九九二、九三年度）
千葉県教育委員会指導課指導主事兼義務教育係長（一九九四〜九七年度）
浦安市立南小学校長（一九九八、九九年度）
浦安市立堀江中学校長（二〇〇〇、〇一年度）
千葉県教育庁指導課指導主事兼義務教育指導室長（二〇〇二年度）
千葉県教育庁企画管理部県立学校改革課主幹（二〇〇三、〇四年度）
千葉県教育庁管理部教育改革担当課長（二〇〇五年度）
千葉県教育庁企画管理部教育政策課長（二〇〇六年度）
船橋市教育委員会教育次長（二〇〇七、〇八年度）
船橋市立若松小学校長（二〇〇九、一〇年度）
私立東京学館船橋高等学校教頭（二〇一一年度）
敬愛大学教育顧問（二〇一二、一三年度）
敬愛大学客員教授（二〇一三〜二〇二〇年度）
植草学園大学非常勤講師（二〇一五年度〜二〇二一年度）
※暁塾サイト、塾長略歴より

指導教育行政のトップで一六年間係わった。

特に、一九九二、九三年度の二年間は、当時の文部省に研究開発担当専門員として勤務した。当時の細川首相の答弁づくりにも関わったこともあった。

彼が文部省で手腕を振るった平成四、五（一九九二、九三）年とは、「新しい学力観」が提唱された時代だ。

学力とは、知識の量ではなく「自ら学び、自ら考える」力だとされた。

「社会の変化に主体的に対応できる」子どもを育てようという方針が打ち出された時代である。

具体的にはまず、授業態度や問題関心のあり方をみる「観点別評価」や個人個人の到達度を評価する「絶対評価」が取り入れられることになる。

さらには、平成四（一九九二）年から月一回で「学校週五日制」も導入され、日本の学校が大きく舵を切った時代であったとも言える。

また、平成一〇（一九九八）年学習指導要領全面改定に向けての準備の時期でもあった。

平成一〇（一九九八）年は、結果的に次のような改訂が行われた。

・小学校三年生以上に総合的な学習の時間の創設
・学校完全週五日制実施
・小学校三年生以上においても合科的な指導を進める
・中学校の技術・家庭の選択項目「情報とコンピュータ」でプログラミングについて述べられた
・高等学校の数学の選択項目「数学Ｂ」と、情報の選択項目「情報Ｂ」でプログラミングについて述べられた

※当時、私は総合的な学習の創設についても、学校週五日制についても反対の立場を貫いていた。理由は全て、現場の多忙化（このまま進めると平日に負担がかかってくる。教える中身の軽減が大切だという意見）を懸念してのことであった。しかし、特に五日制については、圧倒的な世論の後押しによって支持され、私の意見は強く批判されてしまった。そして残念ながら私の心配は現実のものとなった。

研究開発担当としては、これらに向けて、具体的に成果を出さなければならないのだから、かなりハードな勤務だったのではないだろうか。実際に、「早朝から出勤して夜中まで帰れな

かった」と話してくれた。

そんなハードな二年間を終えて、千葉県浦安市の小学校の校長として赴任。

カヌークラブを創設したのは、彼の夢と、生きる力を育てる総合的な時間のあり方に深くかかわったことと無関係ではなかったのだと考えられる。

「カヌークラブには賛否両論あったけれど、海に囲まれた国に生きる子どもたちに、船の楽しさを経験してもらいたかった」と語る。

その後、中学校の校長を経て、千葉県教育委員会指導課指導主事兼義務教育係長として、指導主事のとりまとめの仕事に取り組む。そして、船橋市教育委員会教育次長をへて、最後は船橋市立若松小学校長で定年退職した。

定年退職後は、私立高校の教頭や、大学の非常勤講師や客員教授などをつとめながら、浦安市に小中高校生を対象にした「暁塾」を開いている。

「暁塾」の方針には「主体的学び」としっかりと書かれている。

また、学習の指導だけでなく、生き方や進路の悩み……、相談にも積極的に応じている。

さらに驚いたのは「暁教師塾」として、教師採用試験対策や現場での悩みにも応えていることである。現在非正規で働いている教員や、教師を目指す学生の参加があるという。日本の学校の激動の時代を、夢と実務を大切にしてキャリアを重ねてきた。そして今も、その夢に向かって船をこぎだしている。

塾の「暁」の名前の意味を教えてもらうことを忘れてしまったことを悔やんでいる。しかし、夜半から広い海にこぎ出す子どもたちや教師を目指す若者たちの姿……、そしてそんな子どもたちの前に、やがて美しい夜明けの太陽が上がってくる風景。そんな思いから命名したのかもしれない。

暁塾 Web サイト（https://akatsukijyuku.com/）

学校とゆるやかに「ばん走」する

中学校現場を離れて、全国の学校現場の研究活動を支援している教師がいる。

NPO法人授業づくりネットワーク理事長の、石川晋先生だ。

実は私は彼との付き合いは長い。

一九九〇年代のパソコン通信の時代からのネット仲間だ。

授業づくりネットワークの研究会にも何度か呼んでいただいたこともある。

そんな彼が、彼しかできない……、ある意味、彼らしい活動・生き方を展開しているので、一つのキャリアとしてぜひ紹介しておきたい。

教師キャリア⑬「学校の『ばん走者』」石川晋（本名）五五歳

二〇一七年、北海道の中学校を五〇歳で退職した。

そして自らを「学校の『ばん走者』」と名乗った。最初は「伴走者」と名乗ったが、独自の伴走のあり方を明確にしたい思いもあり、ひらがなで「ばん走者」とした。

「ばん走」とは、短い時間付き合うことではない。一つの学校・個人に長い期間、どっぷりと入り込み、お互いの息遣いを感じながら共に学びを創っていく、「共諭」をベースにした「共創」を目指しているという。そしてそんな「ばん走」は、年間で一六〇もの学校で、校内研修・研究会・個人ばん走などの形で行っている。

そんな「ばん走者」とは別に、二〇一九年以降は月に最大では一二〇時間程度の１on１オンライン対話をして全国の先生を支えている。オンラインは一回五〇分。単価は三〇〇〇円。この収入と、若干の原稿料や印税、また、研修センターや、教育委員会、企業主催研修や、民間教育団体研修に呼ばれることもあるので、そうした収入で、北海道の妻子の元を月に二回程度往復するお金も含めて過不足なく暮らしているという。
※ＮＰＯ法人授業づくりネットワークからは給与は出ていない。
退職後、一、二年間の活動で、現場復帰を考えていたが、北海道の父の入退院、及びコロナなどで、学校復帰は伸び伸びになってしまった。

しかし今年度ようやく横浜の小学校に月曜日から水曜日、高学年国語専科と特別支援の枠組みの併用で七時間ずつ入っている。

そして残りの木曜日と金曜日は全国の学校・教諭の「ばん走」をしている。北は北海道、南は福岡から熊本・鹿児島・沖縄に赴いていた年もあった。

活動はハードである。

現場でやる授業は支援学校・幼稚園から大学までで、年間最大で二五〇時間くらい。その他に授業観察が三〇〇時間くらい。校内研修やリフレクションの時間数（本数）が年間八〇回くらいになるという。

なぜ彼は、地元北海道を離れて、全国の学校の「ばん走者」「１on１オンライン対話」の生き方を選んだのだろうか。彼は言う。

「五〇歳になったのでいろんなものを見ようと思った」

「宮仕えも十分したので。経験したことのない都府県・地域で、できれば経験していない職域で働きたいと思っていた」

そんなことで？　と正直思う。しかしこれは彼の独特な表現であろう。

その答えの奥はもっと深い。

おそらく彼は、「ばん走」する教育者である前に、「生き方の表現者」なのである。表現者であるがゆえに、「伴走」にしても、自分だけの「ばん走」にこだわるのである。そして、自分が〈自分〉であることを大切にするのである。

そんな彼の生き方を見せられて、心を動かされるものも少なくない。

そして、その力量をうらやましく思う者、やってみたいけれど自分にはできないと思う者、新たな自分の生き方を見つけようとする者、それぞれにいろいろな思いが、心の中に、美しく波紋のように広がる。

最後に、「最近の現場の教師の課題として、感じていることを教えてください」と尋ねてみた。

すると、「厳しい状況の中で本当によくやっている先生方には課題を感じたことはありません。ただ、祈るように願っていることはあります」として次の三つをあげてくれた。

①学校と家の往復ではなく、自分にとってそれらと同格のサードプレイスにあたるものをしっかり持つこと。（趣味などを含む）
②子どもたちに、〈先生は〉ではなく、〈わたしは〉〈ぼくは〉を主語に話しかけてほしいこと。
③キャリアの途中で、上手に合法的合理的に学校を離れる時間を持つこと。

生きていくためには、しなやかに、ゆるやかに、そして「のりしろ」のような幅広さが必要で、そしてそれはやがて「伸びしろ」になるのかもしれない。

彼はそんなことを、自らの生き方で表現してくれる仲間である。

☆プロフィール

石川晋

一九六七年、北海道旭川市生まれ。北海道教育大学大学院修士課程・国語科教育専修修了。一九八九年北海道中学校教員として採用。以降、オホーツク、旭川、十勝の中学校を歴任。北海道上士幌町立上士幌中学校を二〇一七年三月に退職。その後、幼稚園から小中高、大学、特別支援学校などを一年間に一二〇校訪問し、国語・道徳・合唱の授業を一六〇時間実施。全国の学校や教員に伴走しながら活動を続ける。学生時代より授業づくりネットワーク運動に参加し、二〇一三年三月よりNPO授業づくりネットワーク理事長として、全国で年間三〇ヵ所以上の研修会を実施。日本児童文学者協会会員

著書『学校とゆるやかに伴走するということ』（フェミックス、二〇一九）他、多数。

小・中学校現場から大学へ

中学校現場から大学教員に転身した仲間がいる。

今は、同じ大学に勤める仲間だ。

話術とその明解な理論……、彼から学ぶことは多い。

教師キャリア⑭「自由な研究・教育活動を求めて」渡辺雅之（本名）一九五七年生まれ

若者たちの教育、教員養成の研究を、縛りのない自由な場でしてみたかった。

それが公立中学校から大学教育にキャリアのステージを移した理由だ。

給与が下がる問題もあったが、彼もまた、自分らしく生きることを選択した一人だ。

公立中学校を途中退職して、立教大学、青山女子短大、埼玉工大、埼玉大、星槎大……、いくつかの大学の非常勤講師をつとめた。そして二〇一六年、大東文化大学の専任教員になった。

現在、教職課程センターの副所長として、学生の支援・サポート、さらにはカリキュラム編成やセミナーの運営等の仕事をつとめ、授業も六コマ行っている。

大学の教員生活は充実しているという。ヘイトスピーチ問題や国の政策について学生とともに議論し、社会問題として考え続け、そのことはライフワークになった。そして、いじめやレイシズムと道徳教育を紐づけて論じた『いじめ・レイシズムを乗り越える「道徳」教育』（高文研）も出版した。そこでは、本当の「愛国心」「道徳」とは何かを問い、生徒自らいじめ・レイシズムを乗り越える実践を提示、教育のあるべき方向性を提起した。

道徳教育についてさらに論じたのは、『「道徳教育」のベクトルを変える』（高文研）。道徳の「教科」化が始まる時期に合わせて出版。どのように「道徳」の授業を組み替えていくのかを具体的・実践的に提案し、その理論的裏付けとともに、道徳教育とはなにか、道徳性を育む教育、道徳科の時間を再構築する実践の視点などを提起した。

そんな彼に、まず「教員不足問題」について聞いてみた。

彼によると、今の学校現場の状況の中で、教員になろうとするものが減るのは誰の目からも明らかであることをもっとリアルに見つめる必要があるという。

異常な忙しさと長時間労働、残業等の手当てもなし、ハラスメントの広がり。そしてそんな中で、年々難しくなってくる子どもたちの指導、いじめや不登校問題、保護者との共働の難しさ、授業や研究の縛りや画一化……、そんな現場を避けたいと思うのは当然だという。

にもかかわらず、政府・文科省は、それらの課題を自治体教委や現場の問題として押し付け、なんの対策も進めようとしないことの重大さがもっと語られるべきであると。

とりあえずは、学級定数を下げることを通して教師の数を増やすことと、給与を上げることが急務。無免許教員を認めたり、問題が起こらないように教師管理を強めたりする政策では日本の教育は崩壊してしまう。

そんな中でも、教師になることを夢見て教職を目指す学生は少なくない。高校生のアンケートを見てみても、教師になりたいという者は、男子も女子もベスト三に入っている。それが大学生になり、教師の仕事の実態情報に触れていく中で、採用試験を受ける者が減っているのが現実だ。そのことについての大学の教員養成の役割について聞いてみた。

まず、学校現場の現実を知らせることは必要だという。悪い情報は隠そうとする考え方もないわけではないが、それは間違いであると。学校の現実は、変えていかなければならない現実であり、それを変えていくのは、私たちであると同時に若い彼らなのだ。課題を隠してしまえば、現実に直面した時に慌て、傷つく危険性が高い。そしてその結果、辞めていく者も出てくる。

しかし単に現実を教えればいいという問題ではない。日本には、先人が残してくれた素晴らしい教育実践がたくさんある。そしてそこには、子どもたちのキラキラした目の輝きもある。そんな豊かな実践に触れながら、教師の仕事の魅力をもっともっと伝えるべきだと。

最後に、今の若者たちをどう見ているのか聞いてみた。

教師を目指す若者に限らず、今の若者たちは、身の回り数メートルの世界で生きているように感じるという。とは言え、それは若者たちのせいではない。彼らは自治活動が保障されない学校で「権威・権力には従うべきだ」という価値観の中で育ってきた。それらが「自分と社会は切り離されている」という認識を生んでいるのではないか。

若者はもっと、山のようにある社会問題に目を向けるべきだと。とは言うものの、ジェンダー問題などを論じる時に感じることだが若者たちは決して保守的ではない。問題を投げかけると、むしろ前向きな進歩的発想を豊かに持っているのだと。

年金支給の遅れにより、六〇歳ですぐに引退、というわけにはいかなくなった。

年齢によって違いはあるが、年金支給の歳までは働くものがほとんどである。

教師もまた例外ではない。

教師の場合は、「再任用」という言葉を使い、地域ごとに若干の違いはあるものの、都道府県、または市町村がその手配・運用を進めている。また市町村でも、定年退職者を非正規雇用として積極的に採用する取り組みも進めている。

高齢化社会と、皮肉にも「教師不足」の社会になり、定年退職教師の需要は大きい。

最後に、私自身の事例を紹介してみよう。

教師キャリア⑮「第二の人生にも夢を持ちたい」塩崎義明(私)の場合　一九五七年生まれ

小学校現場に残りたかった。

最後に担任したのが五年生。この子たちを卒業させてから、と強く願った。心臓に爆弾を抱えている体ではあったが、この子たちが卒業するまでだったら無理が効くと考えた。校長に、再任用で、それまで在籍していた学校に残れるのかを尋ねてみた。しかし、定年退職者が勤務していた学校に再任用される前例がないから無理だ、と言われた。どこの学校に振り分けるのかは、教育委員会の判断だという。しかたなく教え子たちを卒業させるまで担任をすることはこの時点で諦めた。

それでも学校現場にこだわりたかった。そこで県の再任用として、新採指導員の職を希望した。週に三日の出勤、若い人たちの手助けになる仕事は自分に向いていると考えた。するど、当時の教育長から、立ち話ではあったが、新採指導員は管理職や教育委員会の勤務経験がある者だけが資格がある、だから塩崎さんは無理、と言われた。

第二の人生の職種が選べない。これはあまりにも不公平だ。こんな嫌な思いをして再任用などしたくない。再任用説明会でたくさん異議申し立ての意見を述べて、学校現場に残ることは諦めた。

しかし、年金支給が始まるまで、退職金だけで生活しなければならない。できなくはないが、何かすっかり魂を抜かれてしまったようで、精神的に落ち込んでしまった。

ちなみに、私が退職した年、再任用で同じ学校に残り、持ち上がりのクラスを担任していたり、管理職や教委での勤務経験無しで新採指導員をしていたりするケースがあったことを書いておこうと思う。あまりにも理不尽な話だ。

そんな時に、二つの大学から非常勤講師のお話をいただいた。千葉大学と都留文科大学である。

生活指導や発達障がい、特別活動などの授業である。一教科あたり数千円の給与、再任用に比べて決して高い金額ではなかったが、次の世代を育てたいという私の願いにピッタリと合っていたこともあり、喜んで引き受けることにした。そして、学生たちとのやりとりはとても刺激的で、学校教育を新たな視点で学べることがたくさんあった。

大学の非常勤講師二年目。その授業が一月末で終わるので、そこから三月末まで、現場に出てみようと思った。つまり、一月後半〜三月末まで「フリーランス教員」をやってみようかと思い立ったのである。

一つは、自分の大学の授業に謙虚さがなくなっていることに気づいたことがある。授業準備も簡単に済ませることばかりを考え、学生のコメントも丁寧に読まなくなっている自分に気づいたのだ。同時に自信も無くなっていたので、今こそもう一度現場の空気を吸う必要があると感じたからである。

二つ目は、現場を離れて二年たてば、子どもも現場の空気も変わっていると考えられ、常に最新の情報を学生たちに紹介したいと考えたこと。

そして三つ目が、教師という仕事の不安を学生たちと共有し、その課題を前向きに乗り越えるための「何か」を見つけたいと思ったことである。

C市の講師登録の為にC市の教育委員会へ。そこでは、登録のために、山ほどある提出書類に加えて、高校の卒業証明書、大学の卒業証明書と成績証明書も必要だと言われた。卒業証明書は、卒業証書があればよかったのだが、残念ながらどこかにいってしまっていた（探せばあるのだろうけど倉庫の中を見るのは大変なので）。

教諭であった私が講師をやるのに、なぜあらためて色々な書類が必要になってくるのかというと、C市が政令指定都市で、県の職員であっても初めて働くことになるからだそうだ。また、これらの書類を揃えるためには、けっこうなお金がかかることに驚いた。健康診断をするだけでも一万一千円かかった。他にも、発行するのに有料な書類が多く、さらに写真代もかかる。

やっとの思いで揃えた書類提出その日、帰りかけた私に、「すでに三つの小学校をご紹介できます」と呼び止められた。どの事例も、担任が辞めたり休んだりしている学校で、C市も全国同様、大変な状態になっていることを事実として知った。帰宅後、紹介してもらった三つの小学校のうち、一つの小学校の校長から電話があった。二月からの勤務が書類を渡した日に決まってしまった。

担任が途中で退職してしまった二年生の学級担任である。二年ぶりの学級担任で、子どもたちもとてもかわいくて、楽しい毎日を送っていたのだが、残念ながら新型コロナが広がり、一ヶ月で一斉休校になってしまった。

そんな時、大東文化大学の文学部教育学科の特任教員の応募を受けてみないかと声をかけてもらった。競争率が高かったことと、期日がかなり迫ってのお話だったので、ダメで元々という気持ちで書類を作成した。すると、面談と模擬授業の最終選考まで残ることができて、なんとか合格することができた。関係者の皆さんには感謝しかない。

現在の大学では、生徒指導論、特別活動論、進路指導論、現代子ども論などを担当。もともと研究者ではないので、学校現場での教育実践を紹介することをメインに語っている。そして何よりも、学生たちとのやりとりで、自分が成長できる実感を得られることが一番の喜びである。

ここまで、私も含めて一五名の教師キャリアを取材して紹介させてもらった。

紹介した事例は、特別な例ではない。ふと周りを見渡してみたら、これだけの人がいたということである。取材していて感じたことは、私自身が「進路指導された」という思いがあったこと。生き方から学ぶ、まさに「進路指導」を私自身が受けたのである。

そして、変化なく教師を続けているように見える人でも、実はその生きざまの中で、子どもたちとの「出会い直し」、そこに至るまでの苦しさや生きづらさ、そして喜び、様々な内面でのキャリアアップがあるはずだ。まずはそのことを自覚して「抱きしめ」(信じて、愛して)、ぜひ指導に結び付けてほしいのである。そのことが「第2の進路指導」の入口に立つことであると考えている。

エピローグ　子どもたちを信頼して励ます指導を

✿単なる挫折や失敗などない

これまで述べてきたように、「進路指導」とは、学校選択指導ではない。一言で言えば、「生き方指導」だと考えている。そしてそれを私は「第2の進路指導」と呼んだ。

本来なら「第2」であってはならない。「第1」であるべきだし、もっと言えば「進路指導〇(ゼロ)」、つまりベースにあらねばならないことなのかもしれない。

それは、今と未来をどう生きるのかの指導だ。もちろんその中には、学校選択のテーマもあるが、それは一つの要素にすぎない。それだけではないということだ。

私の息子は、高校を三ヶ月で中退した。親や教師が決めて推薦で入学した学校には合わなかったのだ。そして、高校卒業資格を得るまで一〇年かかることになる。その後、専門学校に進学した。

その間、様々な仕事を体験。今はその中の一つを生かして居酒屋を経営している。結婚もして子どもも三人いる。

私のように、大学まで進学し、教採に合格し、三七年間公務員をつとめてきた者にとっては、息子のような生き方・進路選択は理解できなかったし、不安だらけの進路だった。私には、高校を中退するなどと言うことは、想定外だし、人生においてイメージできない生き方だったのだ。いや、一番不安を抱えたのは息子だったのかもしれないのに、その不安に寄り添う事なく、ただパニックに陥っていた自分は大いに反省しなければならない。

今回のコロナ禍で、居酒屋家業はとても苦しい立場に追い込まれた。しかしいち早くお弁当のテイクアウトを導入し、地域の学校が教師だけ出勤している時期に、お弁当の注文を大量に受けて、なんとかしのいだ。彼には危機管理能力と、時代を読む力が育っていた。

遠回りは人生の宝。
小さな失敗から大きな宝、
大きな失敗から大切な友人

「遠回り」や「小さな失敗」は、その後大切な教訓を残してくれる言葉としてよく言われる。

しかし長い人生において、取り返しのつかない大きな失敗をしてしまうこともある。そして、失敗をすると、人がどんどん離れていく。その時に、最後まで寄り添ってくれるのが大切な友人なのではないか。大きな失敗であっても、誰が自分にとって大切な人間だったのかを教えてくれる貴重な経験なのではないか。それが「大きな失敗から大切な友人」の意味である。

もしかしたら、人生において、何もかも失う失敗などないのかもしれない。そう考えると、転換期の時代、チャンスとドリームの時代を自分なりに受け止めて、前に進んで行く勇気が持てるのではないだろうか。「人生の最大の失敗は、失敗しないこと」なのかもしれない。

✿子どもの未来をリスペクトする

教師のみなさんはまず、教室に座っている一人ひとりの子どもたちの顔を見てほしい。

そして目をつぶりイメージしてみよう。

この子たちの将来を、進路を。

教室にいる子どもたちは、教師自身が経験できなかった生き方をしていく子がほとんどである。

教師はまず、その全ての生き方をリスペクトすることが大事である。

そして、子どもたちが大きな失敗をしたとしても、そこから再発進していくための言葉かけをしてあげられる教師でありたい。

子どもたちは大人の期待を「良い」意味で裏切る。しかしその裏切りこそが、大人がつくってきた古い社会を進化発展させる。だから、裏切られても、裏切られても信じようではないか。裏切られるのは、親と教師の権利だ。

子どもたちが将来において、たとえ……、社会的に排除される立場に追い込まれたとしても、私は、それでも彼らの未来を信じたいと思うのである。

参考文献・サイト

伍賀一道『「非正規大国」日本の雇用と労働』新日本出版社、二〇一四年
濱口桂一郎『ジョブ型雇用社会とは何か―正社員体制の矛盾と転機』岩波新書、二〇二一年
金子毅『企業のヤスクニ』高文研、二〇二三年
児美川孝一郎『キャリア教育のウソ』ちくまプリマー新書、二〇一三年
リクナビNEXTジャーナル「小・中・高でどのくらい異なるの？意外と知らない教師の年収」https://next.rikunabi.com/journal/20160129_s1/
「中学校学習指導要領」
「文部科学省・学校基本調査」https://www.mext.go.jp/b_menu/toukei/chousa01/kihon/1267995.htm
dodaキャンパス「〈二〇二五年卒版〉大学生活に関する二〇二三年四月調査結果を公開」https://campus.doda.jp/career/life/000595.html
山本敏郎「子どもたちが夢を見ることにどう関与するか」『生活指導』二〇一二年八・九月号、六一―一三頁
リクナビNEXTジャーナル「正規教員と非正規教員の給与を比較」https://next.rikunabi.com/journal/20160129_s1/

マイナビ「「転職動向調査二〇二二年版」を発表」https://www.mynavi.jp/news/2022/03/post_33583.html
内閣府「平成三〇年版　子供・若者白書」
マイナビニュース「企業は就活生の「学歴」をどこまで重視する?」https://news.mynavi.jp/article/20211117-2189267/
@ＩＴ「転職率増加の要因は「コロナ禍で転職活動する時間が増えた」ため　マイナビが転職動向の調査結果を発表」https://atmarkit.itmedia.co.jp/ait/articles/2203/29/news039.html
BEST TIMES「教育現場の働き方改革を追う」https://www.kk-bestsellers.com/articles/-/677220/
テレワークナビ「企業は要注意！若者の離職理由ランキングから考える7つの離職対策法」https://www.nice2meet.us/how-we-can-maintain-good-employee-retention-rate-and-how-we-can-do-that
マナリンク「教員の育休は3年でも手当金は1年！収入別の受給額、延長方法〜復帰の流れも解説」https://for-teachers.manalink.jp/useful/trouble/shufu/i9yd-weuu
ＯＬＣグループ「行動規準「The Five Keys〜5つの鍵〜」（東京ディズニーリゾート）」http://www.olc.co.jp/ja/sustainability/social/safety/scse.html
厚生労働省「二一世紀成年者縦断調査（平成一四年成年者）」https://www.mhlw.go.jp/toukei/list/28-

9.html
文部科学省「令和元年度公立学校教職員の人事行政状況調査について」https://www.mext.go.jp/a_menu/shotou/jinji/1411820_00002.htm
九州中央病院・メンタルヘルスセンター「学校における働き方改革特別部会(第一五回)配布資料」https://www.mext.go.jp/b_menu/shingi/chukyo/chukyo3/079/siryo/__icsFiles/afieldfile/2018/07/24/1407331_2_1.pdf

藤井啓之「意見表明から社会制作へ」『生活指導』二〇二〇年一〇・一一月号、三二―三九頁
全生研常任委員会企画『生活指導と学級集団づくり 小学校』高文研、二〇一六年
全生研常任委員会企画『生活指導と学級集団づくり 中学校』高文研、二〇一五年
全生研常任委員会企画『学びに取り組む教師』高文研、二〇一六年
原田真知子『「いろんな人がいる」が当たり前の教室に』高文研、二〇二一年

解説

時代の転換期に、自由と権利の進路指導をつくる

松田洋介

1.「第2の進路指導」の前に

「大卒を目指したストレートな生き方を指導する学校選択指導としての『進路指導』ではない『自由と権利の指導』」としての「第2の進路指導」をつくっていく必要がある。これが本書の主張である。第1章で、「第2の進路指導」が必要とされる時代状況を、大卒ストレートキャリ

アが成立しなくなる「転換期」という視点から概観し、第2章では「第2の進路指導」の具体的な構想が示される。第3章では、「転換期」を生きる教師自身のキャリアを示しながら、「第2の進路指導」をつくるための主体的条件を探ろうとしており、とりわけここに本書のオリジナリティがあふれている。

とはいえ、本書は「進路指導」のテキストとしては、かなり独特な構成をとっている。たとえば、進路指導の定義も示されていなければ、子どもの進路を指導することをめぐる「教育学的」な争点に対する言及もない。「進路指導」は学校における教育活動の中でも争点の多い領域のひとつである。学校教育や教師が、子どもの人生設計そのものでもあるといえる進路を「指導」することへの懸念が大きいからである。しかし、本書ではそうした葛藤が取り上げられることはない。そもそも、この領域では、二〇〇〇年代以降、進路指導からキャリア教育へという大きな変容が生まれているにも関わらず、そこには何の言及もなく「進路指導」という言葉が使われている。

こうしたことが、この本の特長をわかりにくくしている。本書を読んで、塩崎さんのいいたいことはわかったが、これはそもそも「進路指導」の本といえるのかと疑問をもつ方もいるかもしれない。それゆえ、本章では、本書の進路指導論にどのような特長があるのかを、進路指導をめぐる大きな社会的文脈に位置づけながら示していきたい。そのために、2.で本書が提起した進路指導問題の登場にいかなる社会的背景があるのかを示し、3.で本書の進路指導論から浮かび上がる争点を示し、4.で、教師のキャリアを考えることが進路指導論にどのような意義があるのかを検討する。これらを整理することを通して、本書の進路指導の提起した課題を示す。

2.「第2の進路指導」が登場する時代的条件

(1)「学校選択指導」の時代

本書では、既存の進路指導は「学校選択指導」になっており、それを乗り越える必要があると主張している。そうだとして「学校選択指導」はなぜ形成されたのか。

周知の通り、戦後日本社会では高校進学率が上昇すると同時に、学力偏差値を基準とした学校ヒエラルキーが形成された。学校ヒエラルキー自体は多かれ少なかれあらゆる社会でみられるが、戦後日本社会で際立っていたのは、普通学力偏差値という一元的な指標で小刻みな序列がつくられたことである。そこには職業教育が脆弱であることが関係している。普通学力とは異なる専門的な知識や技術を伝達する職業教育が確固たる地位を築けば、普通学力偏差値だけに依拠した一元的な序列は成立しなくなるはずだからである。

普通教育一辺倒の一元的な学校序列が形成された経緯は少し錯綜している。というのも、一元的な序列が形成された高度成長期には、実はマンパワーポリシーという職業教育拡充を意図した政策が大々的に打ち出されていたからである。しかしながら、実際には職業教育拡充はあまり進まなかった。保護者や子どもの多くが、職業高校への進学を望まず、普通高校への進学を求めたからである。当時隆盛していた教育運動は、そうした保護者や子どもの要求と連動しつつ、職業学科増設を、産業界への教育の従属として捉え、教育の自律性を守るという論理で、普通科高校の増設を求めた。

ただし、普通学力による一元的能力主義秩序[1]が形成される上で最も重要だったことは、職業教育拡充政策を裏切る形で、産業界がさほど高校での職業教育を必要としない雇用慣行を作り出していったことである。戦後の企業は専門的な職域を設定せずに、終身雇用を前提とした頻繁な配置転換によって、さまざまな職務を遂行できるような能力を労働者に求めるようになった。日本では、「就職」ではなく「就社」と呼ばれるのはそのためである。いかなる職業に従事するかよりも、どの企業に入職したかが、その人の人生を大きく決めることになったのである。[2]

もちろん、こうした雇用慣行、終身雇用と年功賃金は、大企業の男子正社員を中心に形成されたものであり、労働者全体には該当しない。高度成長期以降も、中小企業では転職は少なくなかったし、実践的な知識や技術を獲得させる専門高校の教育が求められてもいた。また、大企業正社員男性が終身雇用のもとで長時間労働に専心できるのは、家事・育児に専念する妻がいたからであった。女性たちの多くは、一般企業に入職しても、男性のような年功賃金を得られず、結婚・出産を機に退職することが多かった。このように、終身雇用で働くことができた労働者の割合は、実際には全体の三〇%程度であったと言われる。[3] とはいえ、高校―大学―一般企業―終身雇用というストレートキャリアがスタンダードとして成立していたことは確かであり、子どもや家族の教育戦略もこのスタンダードに依拠して行われていた。

いずれにせよ、重要なことは、高度成長期ならびにそれ以降の展開の中で、普通学力中心の高等学校システムが形成されたことである。一九六〇年代には普通科・専門学科の生徒数の比率はおおよそ六：四で推移していたが、一九七五年以降の第二次高校増設期に専ら普通科だけが増加し、普通科・専門学科の比率は三：一程度にまでなった。高等学校の主たる設置者である都道府県自治体が、普通科の数倍の予算規模が求められる専門学科増設を忌避したことも背景にある。高度成長期には中堅技術者の養成を教育目標に掲げていた専門高校についても、必修専門単位数を削減し、理論指向を弱めた実験・実習を重視するようなカリキュラム改革が行われていた[4]。

一九七五年には大学進学率を抑制するようになり、大学・短大進学率は一九九〇年代中盤に至るまで四〇%前後で推移した。その結果、限られた枠となった大学進学をめぐって熾烈な「競争の教育」[5]が展開したのであり、大学進学をしない新規高卒者の就職も「学校経由」の就職という戦後独特の移行形式の成立によって、企業から個々の学校に直接求人票が送られ、どの企業に採用されるかは、企業による選考ではなく、学校内の選考、つまりは高等学校の成績で決まることとなっていた[6]。

こうした状況の中では、進路指導といえば、生徒の学業成績に適った学校を決めることであった。具体的には、生徒の内申書や学力偏差値を鑑みつつ、不合格にならないように注視しつつ、できるかぎり高ランクの高校を勧め、生徒自身を納得させ、モチベーションを下げずに高校受験へと誘うことが進路指導の主たる課題であった。

学力偏差値にもとづいた入試情報はできる限り不合格者を出さないために生まれたデータであり、また、内申書重視の高等学校入試は中学校教育をないがしろにしないための受験形式でもあった[7]。自分の進路形成をめぐって個々の生徒は、自分の就きたい職業や進路を具体的に考えることではなく、少しでもランクの高い高校に進学できるように、日々の学習に取り組み、学業成績を向上させることが求められた。高ランクの高校・大学に進学すれば職業選択の可能性が拡がるという考え方のもと、職業の選択は先延ばしにされたのである。

こうした「偏差値輪切り」とも呼ばれた進路指導のあり方は一九七〇年代当時から強く批判されていた。とはいえ、ここで指摘したいことは、戦後の「学校選択指導」は、単に学校選択に終始していたこと以上に、普通学力偏差値だけに依拠し、その学校で何を学ぶのかをほとんど問題にせずに、進学先の学校を決めてきたことを意味するということだ。どの学校で何を学びたいのかという本来の意味での「学校選択指導」が成立していなかったのである。

もちろん、学力偏差値に基づく進路指導・進学指導とは異なる進路指導のあり方を探る試みも行われていた。例えば、当時は東京の中学校教師で、全国進路指導研究会の実践家として活動していた尾木直樹は、受験学力だけに基づく進路指導を相対化すべく、あえて自分が進学を考えていない高校の特色をグループで調べさせる実践を展開した。学力偏差値に埋没しがちな学校の特色をクラスメイトと共有することで、生徒の主体的な進路選択を支えようとしたのである。[8]また、中学校の生活指導教師であった高木安夫は、学力獲得競争から離反し、中卒で就職する「ツッパリたち」のために、通常クラスとは別に、就職クラスを開設し、数学の基礎的計算、連絡のメモ、電話応対、実用的な漢字など、就労に必要なことを学習できる場をつくっていく。(9) 高校受験に傾注する学校秩序に適応させるのではなく、彼らの世界に即した進路選択を支援する場に学校をつくりなおそうとした。このような実践は局所的にはみられたものの、おおよそ一九九〇年代中盤ぐらいまでは、偏差値にもとづく学校選択指導は強固なものとして成立していた。

(2)「学校選択指導」からの転換

本書の第1章で描いたような「転換期」には、前項で観たような偏差値にもとづく学校選択進路指導を支えていた社会的基盤が弱まった。とりわけ一九九〇年代以降、グローバル化が進展し、国内生産をベースにしていた企業社会の競争秩序、ならびにそれと連動した普通教育を中心とした競争秩序が動揺した。若年労働市場が収縮し、学校から仕事への移行が困難になり、とりわけ非正規労働に従事する若者が増加した。正社員の労働条件も悪化し、離転職を余儀なくされる若者が増え、企業内教育も収縮した。こうした企業の雇用慣行の転換を支えるべく、労働者派遣法が改正され、派遣会社が非正規雇用の調整弁としての役割を担うようになっていく。

この間、労働組合の組織率が一貫して低下したことも労働条件の切り下げを後押しした。また、そもそも日本の労働組合は企業別組合が中心で、かつ正社員労働者が中心であったため、非正規労働者の組織化が遅れており、非正規労働者の労働条件を改善するための運動は弱かった。そしてなにより、戦後の「企業社会体制」の成立を前提にし、福祉国家として未成熟な日本社会では、賃金収入が減少するとすぐに貧困に陥ってしまう。[10] しかも、生活保護バッシングが強く、最低生活費以下の収入でも生活保護を受給していないいわゆるワーキングプアも分厚く存在している。[11]

雇用環境の悪化にともない、貧困状態にある子どもが増加した。いうまでもなく学校教育は、家庭で子どもたちが学校に通う準備を十全にできていることを前提としてなりたっているが、その準備が出来る家庭ばかりではない。にもかかわず、教員の多忙化が進むことで、そうした子どもへのケアが以前よりもしにくくなっている。子どもの福祉の担い手として期待されているスクール・ソーシャルワーカーは未だ配置が遅れている。一九八〇年代末には、いわゆる「新しい学力観」が提示され、一斉授業によって定型的な知識・技術を受動的に獲得させてきたそれまでの教育のあり方を乗り越えるべく、様々な課題に柔軟かつ主体的に取り組む子どもを育てることをめざす教育が模索されてきたが、それと平行して、教育行政による学校現場や教師への統制強化も進められてきた。その結果、子ども主体の学校教育の実現というよりは、学校スタンダードのような画一的な生徒管理のあり方が強まっている。[12] さらにコロナ禍を奇貨とした「教育ＤＸ（デジタル・トランスフォーメーション）」が急速に進められており、その結果は未知数だが、これまでのところ個別の学力形成に傾斜しつつあり、子どもへの統制は弱まっていない。その一方で、不登校者数は増加しており、このことは通常の学校に適応できない子どもたちが増加していることを意味する。

二〇〇〇年代に入ってから、「学校選択指導」を相対化すべく、職場体験学習の導入にみられるようなキャリア教育の導入が進められてきた。キャリア教育の導入は、将来設計と無関係につくられてきた学校教育のあり方を問い直す上で重要な契機とはなりうるが、現状では、非正規労働者になるなど「学校から仕事」への移行の不安定化を個々の若者の進路意識の未成熟さに求め、それを改善するための施策として取り入れられている部分が大きい。すなわち、キャリア教育の推進や、経済構造の転換によって生み出されている問題を、個々人の資質にすりかえてしまうということである。キャリア教育を警戒する教育研究者が多いのはそのためである。[13]

小熊英二は、一九九〇年代以降、日本社会は工業社会からポスト工業化社会へと大きく変容しつつあるのに、その変化が急速であったために、人々の認識が追いついていないことに危機の大きさがあると指摘している。[14] 進路指導をめぐる状況も似通っている。学校や学校をとりまく状況は大きく変容しつつあるのに、学校選択指導はなかなかなくならない。収縮するストレートキャリアへの移行以外のイメージを持てず、問題はさらに深刻化している。転換期をむかえる社会を生きていく若者のために何が必要なのかという視点から教育のあり方・進路指導のあり方を再生する力はあまりにも弱い。本書には、こうした学校教育への危機感が顕著に顕れている。

3．不安定化する社会における進路指導の争点

そうだとして「転換期」を前に、どのような進路指導が求められるのだろうか。進路指導における争点に言及しながら、本書の進路指導論の特長を整理していく。

（1）非正規労働をどうとらえるか

一九九〇年代以降、新規高卒労働市場が収縮すると同時に、正規就職が出来ずに非正規労働に従事する若者が増加したとき、良心的な教師たちの対応のひとつは、生徒たちが非正規労働者にならないためにどうすればいいかを考えることであった。非正規労働者と正規労働者の賃金や社会保障の格差を示し、非正規労働に従事することがいかに非合理であるかを生徒たちに

伝え、そうならないために学業成績をあげ、有利な条件で就職できるよう働きかけた。また、一八歳人口も減少する中で大学に入学しやすくなった時期でもあったため、高卒就職が難しければ、とりあえず大学進学へと誘う教師たちも少なくなかった。

こうした教師の指導方針は決して見当外れのものであるとはいえないし、子どもの将来の経済的条件の向上を目指した指導でもある。実際、正規社員と非正規社員の待遇の違いは極めて大きいからである。大卒であっても必ずしも安定した仕事に就くことはできないが、大卒者は高卒者と比較すれば労働条件のよい仕事に就きやすく、平均して賃金も高い。

とはいえ、非正規労働者にならないようにするための教育にはいくつかの難点がある。第一に、非正規労働者の増加は構造的な問題であるにも関わらず、非正規労働者にならないための教育を進めることで、結果的に、非正規労働者になる／ならないは個人の問題であるという認識が正統化される。ファーロングは、構造的な問題を個人の問題として認識してしまうことを「認識論的誤謬」と呼んだが[15]、二〇〇〇年代に登場したキャリア教育は「認識論的誤謬」を政策的に支えた側面があるといえる。第二に、高卒就職をあきらめて大学へと進学する者が増加したとしても、大卒者向けの求人が増加するわけではなく、高卒時の仕事への移行の困難が大卒時に先延ばしされただけに終わる。そもそも、大学に進学しても、大学教育に適応できるとは限らない。第三に、非正規労働者にならないための教育は、非正規労働者になる生徒たちに意味ある教育にはならない。たとえば、非正規労働者と正規労働者の間の格差が大きいにしても、非正規労働の中にも働きやすい職場とそうでない職場がある。正規労働でも苛酷な労働条件の場合があるし、実際の進路指導場面においては正規／非正規だけで区分するのは雑すぎるのである。一九九〇年代後半以降、多くの若者たちが非正規労働に従事することを前提にしつつ、正規／非正規に関わらず現代の労働と生活に必要な知識や技術を伝達するための取り組みが生まれていた[16]のはそのためである。

本書では正社員労働から自由になってもよいというメッセージを発しつつも、それを推奨したりはしない。非正規労働の条件が悪いことを十分に理解しているからである。もちろん、正社員に固執するようなメッセージも発しない。雇用環境が大きく変化する中、正社員就職を目標にするだけでは困難に直面するからである。本書は、非正規労働と正規労働の条件の違いを鑑みつつ、またどちらの労働に対しても批判的でありながらも、なお、どちらの労働の方がよいかを示そうとはしない。本書で強調しているのは、「自由と権利」を指導することである。他者に先駆けて得をするための指導ではなく、むしろ、どのような仕事に従事するにしても必要な知識や技術を伝達することに価値をおこうとする。

（2）教科指導と進路指導をどうつなげるか

進路指導においてしばしば問題となってきたのは、進路指導と他の教育課程とをどのように関係させるのかということである。

一般的に、進路指導・職業指導では、子どもたちの進路希望と実現可能な進路との間に生まれる矛盾や軋轢を解消することが目指される。たとえば、中学三年生時に行われる進路相談や三者面談などは、その典型である。生徒のそれまでの学業成績から合格率の高い高校の受験をすすめる取り組みである。こうした進路指導は、通常の教科教育の時間とは別に行われているものである。他教科とは異なる進路指導の独自領域があるという意味で、「領域としての進路指導」と呼べる。(17)

先述したように、この「領域としての進路指導」が戦後の日本社会においてはしばしば普通学力偏差値に基づく受験指導になり、当人の希望や意志を軽視しがちになった。全国進路指導研究会の菊地良輔は、生徒の進路先や就職先としてあらわれる「外側の進路」と生徒の自己認識や社会認識、展望といった「内側の進路」を区分しつつ、学校の進路指導では前者で進められ、後者が無視されていると指摘した。(18)二〇〇〇年代以降、進路指導からキャリア教育へという言葉の転換が図られる中で、個々の子どもの発達段階や、個性や人間性を基盤とした自己決定を重視する取り組みが政策的にも推奨されるようになっていく。キャリア教育では、進路選択時の一時点の結果を重視する「出口指導」は見直され、長期的な展望で、子どもの自己理解・職業理解を深め、人生設計を考えながら進路を決めることが重視されるようになる。[19]

ただし、「領域としての進路指導」には子どもたちを自分に見合った進路に納得させるためだけの介入になるリスクがある。教科学習と切り離されて行われるため、進路形成における知識や技術の獲得が軽視されやすく、就職に適合的な「態度」や「価値観」の形成に重点がおかれがちだからである。また、個々の状況に即して実現可能なキャリア形成を指向するため、既存の職業が持つ問題点を軽視しがちになる。結果的に「自己理解」にせよ、「職業理解」にせよ、既存の不平等な社会構造を追認するための活動へと陥ってしまうリスクがある。[20]

こうしたリスクをふまえ、進路指導は、教科学習と切り離すべきではなく、教育課程全体で行っていくべきだとする「原理としての進路指導」が登場する。具体的には進路選択だけを問題にするのでなく、卒業後の社会生活・職業生活に求められる知識や技術を獲得させることが必要であると考え、そのような観点から教育課程を組み直すことが目指される。いわば、進路指導を、既存の教育課程を組みなおす一つの視点として捉え直すのである。そうすることで、自分の将来とは無関係なものと感じてきた学校教育の内容を意味あるものとして理解できるようになると考える。二〇〇〇年以降のキャリア教育論でもこの点が強調されてきた。ある中学校では「二一世紀を生きる」というテーマを掲げ、各教科、道徳、学活、「総合的な学習の時間」など教育課程の全体を通してこのテーマを学ぶというカリキュラムを組んだ。[21] もちろん、「原理としての進路指導」は、テーマに準拠して学習内容を組み替える側面を持っているので、各教科の体系性を弱めるリスクがある。そのリスクを鑑みつつ、学校教育を子どもたちに意味あるものに組み替えるための視点として、「原理としての進路指導」は存在していることになる。

本書では本項でみたような進路指導の争点を論じているわけではない。とはいえ、メディアリテラシー、情勢分析力と見通しの力を獲得するための指導の提起にこの問題についての筆者なりの見解が現れている。とりわけ特徴的であるのは、時事問題について学級全体で「雑談」することで、情報に対する批判的リテラシーを作っていく方向性を提示していることである。そこで挙げられている事例は必ずしも「進路問題」に直接関わるものではないが、雑談の提起は、日常生活の中から自分たちの進路や社会に関わる学習内容を立ち上げていくべきという主張として理解できる。この主張は、日常的な教育課程の余白部分で雑談を繰り返すという意味では「領域としての進路指導」に親和的であるが、その余白部分を発展させてさらに正規の教育課程に組み込むことも展望されており「原理としての進路指導」の側面もある。ここで重要とされていることは、子どもたちの日常と世界で生じている出来事を学校という空間で出会わせ、認識を深めることから進路指導をくみ上げることだ。そうすることで、子どもたち自身が社会を生きる当事者として自己を認識できるようになり、それこそが、「自由と権利」を実現するための進路をつくる主体として欠かせないものであると本書は考えている。

(3) 進路を選ぶ指導か、進路をつくる指導か

最後に、「第2の進路指導」の中核的要素のひとつに「自治の指導」を挙げていることも本書の特徴である。自治の指導とは、「各自が主権者として生活や社会に働きかけ、仲間とともに未来をデザインしていく力を育てる主権者教育」である。進路指導に「自治の指導」を組み込むことに違和感がある人もいるかもしれない。しかし、「自治の指導」は子どもたちが自分自身の進路・人生を切り拓いていく上で欠かせない。

第一に、進路先をつくりかえるために必要である。先述の通り、苛酷な労働条件を強いる職場、継続が困難な職場が多数存在している。その場合、「仕事が気に入らないのなら、転職すればよい」という言葉を投げかける人は少なくないが、必ずしも適切ではない。労働条件が全般

的に悪化している中、転職しようにも、自分が望む転職先を探すことは容易ではないからである。その場合、仕事仲間たちと連帯をつくりながら、職場を改善する取り組みが有効なことも多い。第二に、自分の進路先をつくるためにも必要である。というのも、自分の希望する仕事が既存の企業では実現できない場合、会社をおこしたりＮＰＯを立ち上げたりするという選択肢をとる必要もあるだろう。その場合、団体の運営に当たって合意形成をいかに行っていくかが重要である。第三に、職場に限らず、自分たちが労働や生活をしやすい社会環境をつくっていくためにも、自治の活動は必要である。ひとりひとりが市民活動に参加し、政治的に行動していかなければ、望ましい生活も望ましい職場も得られないことが多いからである。このように、いわば自分たちの進路をつくっていくために自治の指導が求められている。

自治の指導には、学校を自治的な空間につくりかえることで、子どもたちに自治的世界を経験させることが欠かせない。ただし、重要なことは「参加することの意味を問い直す」という指摘もあるように、本書で目指されるのは、かつてのような団結を第一義的に目指す自治的世界ではなく、メンバー間の流動性が高く、その集団に帰属することが自明ではなくなった関係の中で、そこへの出入りの自由を認めながらもなお成立する自治的世界を創出することである。終身雇用を前提とした企業での職場づくりと、短期的な出会いと職場の共有が前提となった非正規労働者による職場づくりとではその性格は異なるものとならざるを得ないからである。[22] 本書では、集団の自明性を問い直し、「形骸化」しつつある自治の世界をいかにして自分達で選択し直せるものへと変えていけるのかに焦点が当てられている。自治には学びが必要というのも、所与の集団の統制力を高めるための自治ではなく、様々な担い手が共在する新しい世界をつくるための自治をつくる上で、新しい知識は欠かせないからである。

以上からもわかるように、本書では、「進路指導」を単に進路先を選ぶための指導としてではなく、自分たちの人生と社会とをつくっていくことを支援し、それに必要な力を身につけるための指導として位置づけ直そうとしているのである。本書で掲げられた「第２の進路指導」にとっては、子どもにどの進路を選択させるかは重要ではなく、子どもたちが自分たちの人生を選んでいくこと、その選んだ人生に最大限のエールを送り、支援していくことが第一義的な課題なのである。

4.「第2の進路指導」が成立する条件は何か

(1)「第2の進路指導」が成立する学校の条件

子どもにとって必要な進路指導のあり方をこれまでみてきたが、本書のユニークなところは、そのような実践をつくるための条件をいかにつくるかにまで考察を進めていることである。というのも、「第2の進路指導」は、現在学校現場に蔓延《はびこ》っている学校スタンダードに従うだけでは決して実現しないものだからである。

とはいえ、そうした学校スタンダードが蔓延る学校現場の実情を無視して、理念的な進路指導を示しても現実的ではない。その点に関わって、本書では「第2の進路指導」をつくるには、教師が高め合い励まし合える関係が学校現場に成立していることが必要であるとし、そのために①実践の自由を励ますこと、②ヘルプといえることも教師としての大切な力量として認識すること、③リーダーがボトムアップを大事にすること、④上下関係を超えて議論していくことの四点をあげている。自由な実践をつくりあげるためにひとりひとりの教師が強い意志をもつことを目指すのではなく、むしろ、自分の弱点もふくめて開示できるような信頼ある関係づくりを何よりも優先していることがわかる。そのような信頼が成立することで、トップダウンの統制が弱められ、教師が自由に実践を追求するための余白が生まれてくるからである。そして、そうした教師の自治的世界が成立しなければ、子どもたちの自治的世界はつくることができない。子どもたちの自治的世界の形骸化は、子ども世界の収縮によってだけでなく、教師の自治的世界の収縮によってももたらされてきた。[23]

また、本書では、職員会議や各種委員会などの公的なやりとり以前の、いわばインフォーマルな部分での風通しのよいコミュニケーションを重視している。自由な実践をつくっていくためには、フォーマルな会議で合意を形成することは必要であるが、インフォーマルなレベルでの信頼関係がなければ、フォーマルな会議の議論は形骸化しやすいからである。もちろん、多忙な中、インフォーマルなレベルでのやりとりを活性化することは困難になりつつある。かつては終業後の飲み会・食事会などで教育談義を重ねることもあっただろうし、教育実践を交流するサークル活動も盛んであった。しかし、現在そのような取り組みは容易ではない。とはいえ、そうした状況にあっても、せめて雑談を通して、日常的に自由でユーモアあふれる関係をつくっていくことをめざすべきなのではないかと、本書は提起する。

（2）「第2の進路指導」をつくる主体的条件

本書が「第2の進路指導」を実現するための条件として挙げたのが、教師の主体性に関わる問題である。進路指導が「学校選択指導」に偏ってしまう理由のひとつに、「教える側の教師自身のキャリア」が関係していると考えるからである。とりわけ、著者は大卒キャリアを歩んできた教師たちの多くは、子どもたちの新しく、多様な進路を受け止めきれず、中卒、高卒の生き方を自信をもって勧めることができないと考えている。その点に関わって、本書では、実際には教師自身も離職・転職の「転換期」の中に生きており、多様なキャリアを送ってきている事実に着目することで、教師の進路指導に関わる主体的条件を再生しようとする。

第3部では、著者がインタビューをした一四人と著者自身のキャリアが提示されており、その全てではないが、大卒―正規採用とは異なるキャリアをたどる教師たちの姿が描き出されている。本書で示されたような「多様な教員キャリア」のケースが、教員全体のどの程度を占めているのかはわからないので、安易な一般化は避けるべきだろう。とはいえ、学校現場において正規教師以外の教職員が増加していることは間違いない。その大きな要因のひとつは、二〇〇〇年代以降の地方分権改革によって財政状況が悪化する中、地方自治体が、総額裁量制の導入もあり、正規教員の代わりに賃金コストの低い非正規教員を採用することで、学校現場の人員を確保する取り組みを進めてきたことにある。また、近年、スクールカウンセラーやスクールソーシャルワーカーや学校支援員など、学校では教員以外の職員が増加してきたが、その多くは非正規である。学校現場においても近年の改革の中で、非正規労働者が増加しており、同じ学校で仕事をしていても、その待遇は一様ではないのである。

率直にいって、ストレートキャリアとは異なるキャリアを辿る教員が増加してきたから、教員たちが「第2の進路指導」に向き合うことが出来るようになるという著者の主張には若干の躊躇《ちゅうちょ》を覚える。この主張だと、教師は自分自身が経験していないことは指導しづらい／できないことになってしまう。たとえば、登場する（著者も含め）一五人はみな「教職資格」を有した大卒者である。だとするならば、中卒・高卒キャリアに向き合うことはできないことになる。そもそも、非正規の立場を経験すれば、現代の若者が直面している苦悩がわかるとはいえない。そして、本書に登場した教師たちは、非正規を経験した自分だからこそ自信をもって「第2の進路指導」に取り組めると考えるのだろうか。おそらく、そうではないだろう。

ただし、本書は、「第2の進路指導」にとって必要なことは、教師が自分自身の人生に自信をもつことであるというよりも、他者の人生を自分自身がわかっていないことを強く認識し、敬意をもつことであるとも主張する。そしてそのような認識をもつために、こうした一五人の教師たちのライフヒストリーを学ぶことには意味がある。すなわち、学校にさまざまなキャリアを積んだ教員たちがいると認識することや、自分自身のキャリアの特殊性に気がつくことで、他者の人生に謙虚になることができるからである。

教育社会学研究が明らかにしてきたように、学校には文化的バイアスがあり、たとえば高卒家庭の子どもよりも大卒家庭の子どものほうが学校に適合しやすい[24]。子どもの人生を考えてゆく上で必要なことは、教師たちが自分たちの人生の特殊性に気がつくことであり、自分自身の人生から導き出される人生訓は、必ずしも子どもたちの進路形成に貢献できないことを深く認識することである。その意味で、本書が強調するように、教員自身のキャリアを見つめ直すことは、第2の進路指導をつくっていくうえで欠かせないのである。

と同時に、私は、一五人の人生の描き方に、本書の進路指導に関わるスタンスが顕れているとも思った。本書のライフヒストリーの描写や分析は周到であるとはいえないが、著者は、いずれのライフヒストリーもそれぞれの個人が試行錯誤して作り出しているものとして全面的に肯定しようとする。そして、著者自身とは異なるキャリアをたどってきた教師たちに学ぼうとすると同時に、一五人の教師たちが自分たちの望ましいキャリアを辿る条件を探ろうとしている。本書において、子どもの進路をどこに誘うかという数多の進路指導における最重要課題についての言及がいっさいないこともこの点に関わっている。本書の進路指導論は、生徒にとって適切な進路選択を指導することなどできないという諦念の上に成立しているものであるように思う。どの進路が望ましいのかに関する共通認識が失われつつあるし、そもそも、子どもを自律した他者であるとみなすのであれば、その子どもの幸せを決めることなどできないからである。キャリア形成の成否を安直に判断することなく、それぞれのキャリアに敬意をもち、そのキャリアの認識を深め、またその認識を共有していくこと、それが先行き不透明な時代における「第2の進路指導」において必要だと本書は提示しているのである。

5. 自由と権利にもとづく進路指導をつくる

以上、本書の主張を筆者の社会認識・進路指導理解と関わらせながら、整理してきた。これまでみてきたように本書は、「進路指導」論としては熟されたものとはいいにくい。とはいえ、「転換期」を迎える現代において、進路指導をつくっていく上でのひとつのスタンスが明快に示されている。著者の問題提起とそれへの実践提起にそのまま賛同する必要はない。その問題提起に、いかに応答するか。そのことを考えていくことで、現代社会を生きる子どもに向き合う進路指導の実践や理念が生み出されるように思う。

最後に、誤解されることも多いが、指導とは、例えば「命令」とは異なり、教師が子どもの行動を統制するものではない。指導とは、子どもに対する呼びかけや要求であり、その呼びかけに応答するか否かは子ども自身に委ねられているものだからである。[25] 少なくとも本書は、そのように指導という言葉を用いている。本書が、「キャリア教育」ではなく、あくまで進路指導という言葉をつかうのもこの点に関わっている。2節で概観したような「転換期」にあたる現代社会を生きる子どもたちの多くは、わがままであるよりも、我慢したり、諦めたりしながら、日々の生活をたんたんと／もがきながら送っている。象徴的にいうのであれば、夢を叶えられないことに悩むよりも、夢見ることすら難しくなっているのが現代の子どもたちである。だからこそ、塩崎さんは、大人としてそのような社会をつくりだした責任を感じ、本書を通じて、自分の人生は自分の好きなように生きていいのだと、子どもたちに響くようなやり方で呼びかける方法を手を変え、品を変え、提示しようとする。「第2の進路指導」とは、まさに自由と権利にもとづく人生をつくろうという、子どもたちへの呼びかけなのである。

（注）

（1）一元的能力主義秩序については、乾彰夫『日本の教育と企業社会』大月書店、一九九一年を参照。本節で示された高度成長期の教育システムの変容については、木村元『学校の戦後史』岩波新書、二〇一五年、本田由紀『教育は何を評価してきたのか』岩波新書、二〇二〇年。また、一元的能力主義秩序に抵抗する戦後の職業教育論の変遷については、松田洋介「職業教育論の戦後史―単線的教育システムのなかでの模索」教育目標・評価学会編『つながる・はたらく・おさめるの教育学：社会変動と教育目標』日本標準、二〇二一年、一一九―一三三頁。

（2）濱口桂一郎は、ジョブ型とメンバーシップ型の雇用システムの対比として説明している。日本社会では、前者が成立せず、後者が一般化したという指摘である。濱口桂一郎『ジョブ型雇用社会とは何か――正社員体制の矛盾と転機』岩波新書、二〇二一年を参照。同様の対比を、小熊英二は「職種のメンバーシップ」と「企業のメンバーシップ」の違いとして整理し、日本社会は企業のメンバーシップが支配的な社会であると指摘する。小熊英二『日本社会のしくみ雇用・教育・福祉の歴史社会学』講談社現代新書、二〇一九年を参照。

（3）野村正實『終身雇用』岩波書店、一九九四年。

（4）松田洋介「一九七〇年代高等学校政策の再検討」『〈教育と社会〉研究』第一二号、二〇〇二年、三二—四〇頁。
（5）戦後の教育競争の推移をつかむには、久冨善之『競争の教育』旬報社、一九九三年。
（6）本田由紀『若者と仕事—「学校経由の就職」を超えて』東京大学出版会、二〇〇四年。
（7）松田洋介「「閉じられた競争」の成立と進路指導問題の変容：1970年代以降の全国進路指導研究会の展開に焦点を当てて」『教育目標・評価学会紀要』第二四号、二〇一四年、三二—三九頁。
（8）全国進路指導研究会編『いま、すばらしい中学3年生を』民衆社、一九八五年。
（9）高木安夫「誇り高きツッパリになれ」全生研近畿地区全国委員連絡会編『ゆきづまる中学校実践をきりひらく』クリエイツかもがわ、二〇〇五年、八四—一三四頁。
（10）後藤道夫『収縮する日本型〈大衆社会〉—経済グローバリズムと国民の分裂』旬報社、二〇〇一年を参照。同様のことを「戦後日本型循環モデル」として描いたものとして、本田由紀『社会を結びなおす—教育・仕事・家族の連携へ』岩波ブックレット、二〇一四年を参照。
（11）低所得層の子育て世帯ならびにワーキングプアの実態については、たとえば、松田洋介・小澤浩明編『低所得層家族の生活と教育戦略　収縮する日本型大衆社会の周縁に生きる』明石書店、二〇二二年を参照。

(12) 授業スタンダードについては、子安潤『画一化する授業からの自律：スタンダード化・ICT化を超えて』学文社、二〇二一年。
(13) 児美川孝一郎『キャリア教育のウソ』ちくまプリマー新書、二〇一三年。
(14) 小熊英二「総説―「先延ばし」と「漏れ落ちた人びと」」小熊英二『平成史　完全版』河出書房新書、二〇一九年、一四―九四頁。
(15) ファーロング、アンディ『若者と社会変容　リスク社会を生きる』大月書店、二〇〇九年。
(16) 例えば、井沼淳一郎「アルバイトで雇用契約書をもらってみる」望月一枝・森俊二・杉田真衣編『市民性を育てる生徒指導・進路指導』大学図書出版、二〇二〇年、二〇二―二一一頁。ノンエリート教育の意義を押し出した教育論としては、斉藤武雄・田中喜美・佐々木英一・依田有弘編『ノンキャリア教育としての職業指導』学文社、二〇〇九年など。
(17) 「領域としての進路指導」「原理としての進路指導」については、松田洋介「キャリア教育（専門教育）」木村元『系統看護学講座　教育学　第八版』医学書院、二〇二一年、一九六―二〇八頁。
(18) 菊地良輔『中学生の進路と受験期』新日本新書、一九八九年。
(19) 二〇〇〇年代以降のキャリア教育の意義については、児美川孝一郎『権利としてのキャリア教育』明石書店、二〇〇七年、藤田晃之『キャリア教育基礎論　正しい理解と実践のために』実業之日本社、二〇一二年。
（20）そもそも専門的な知識や技術を学ばせることなく、学校選択・職業選択だけに特化した指導に意味があるのだろうか。推進すべきは「キャリア教育」ではなく「職業教育」の拡充であるべきとの批判が生まれるのはそのためである。
（21）全国進路指導研究会編『働くことを学ぶ』明石書店、二〇〇五年。
（22）非正規労働者の組織化については、首都圏青年ユニオン（https://www.seinen-u.org）の取り組みなどを参照。
（23）松田洋介「子どもの自治と校則―全生研の管理主義教育批判と集団づくり構想」内田良・山本宏樹編『だれが校則を決めるのか　民主主義と学校』岩波書店、二〇二二年、二〇―四八頁。
（24）たとえば、小澤浩明「学校の階級・階層性と格差社会―再生産の社会学」久冨善之・長谷川裕編『教育社会学　第二版』学文社、二〇一九年、一四五―一六二頁。
（25）竹内常一『新・生活指導の理論　ケアと自治　学びと参加』二〇一六年、高文研。

塩崎 義明（しおざき・よしあき）

1957年千葉県生まれ。千葉県浦安市の小学校で37年間「しおちゃんマン」の愛称で学級担任をつとめる。定年退職後、千葉大学、都留文科大学で3年間非常勤講師として生活指導、特別活動の講義を担当。2021年度より大東文化大学文学部教育学科特任教授として勤務。担当は、進路指導論、特別活動論、生徒指導論など。

著書には「教師と子どものための教育改革」、編著には「学校珍百景」「スマホ時代の学級づくり」「スマホ時代の授業あそび」（以上、学事出版）「原発を授業する」（旬報社）等、多数。

「しおちゃんマン★ブログ―嘘芝居な学校を超えて―」
https://shiozaki.blog.fc2.com/

「ザ・教室　実践集」
http://shiochanman.com/report/index.html

松田 洋介（まつだ・ようすけ）

神奈川県生まれ。一橋大学大学院社会学研究科博士課程単位取得退学後、滋賀県立大学、金沢大学を経て、2019年4月より大東文化大学文学部教育学科教授。専門は教育社会学。職業教育・進路指導・生活指導に関わる実践についても理論的・実証的に研究している。

著書に、共編著『低所得層家族の生活と教育戦略』（明石書店）、共著『震災と学校のエスノグラフィー』（勁草書房）、分担執筆『境界線の学校史』（東京大学出版会）、『だれが校則を決めるのか』（岩波書店）など多数。

第2の進路指導
自由と権利の指導の時代

●二〇二三年三月二五日――――第一刷発行

著　者／塩崎 義明
解　説／松田 洋介
発行所／株式会社 高文研
東京都千代田区神田猿楽町二―一―八
三恵ビル（〒一〇一―〇〇六四）
電話03―3295―3415
https://www.koubunken.co.jp

印刷・製本／中央精版印刷株式会社

★万一、乱丁・落丁があったときは、送料当方負担でお取りかえいたします。

ISBN978-4-87498-836-7 C0037